Sonho de uma Noite de Verão

A Tempestade

Título original: *A Midsummer Night's Dream / The Tempest*
Copyright © Editora Lafonte Ltda. 2022

Todos os direitos reservados.
Nenhuma parte deste livro pode ser reproduzida por quaisquer meios existentes sem autorização por escrito dos editores e detentores dos direitos.

Direção Editorial *Ethel Santaella*

REALIZAÇÃO

GrandeUrsa Comunicação

Direção *Denise Gianoglio*
Tradução *Otavio Albano*
Revisão *Luciana Maria Sanches*
Projeto Gráfico e Diagramação *Idée Arte e Comunicação*
Ilustração de capa *Arte de Lorena Alejandra sobre gravura de H. C. Selous*

Dados Internacionais de Catalogação na Publicação (CIP)
(Câmara Brasileira do Livro, SP, Brasil)

```
Shakespeare, William, 1564-1616
   Sonho de Uma Noite de Verão ; A Tempestade /
William Shakespeare ; tradução Otavio Albano. --
São Paulo : Lafonte, 2022.

   Título original: A Midsummer Night's Dream ; The
Tempest
   ISBN 978-65-5870-298-6

   1. Teatro inglês I. Título. II. Título: A
Tempestade.

22-120580                                    CDD-822.33
```

Índices para catálogo sistemático:

1. Teatro : Literatura inglesa   822.33

Eliete Marques da Silva - Bibliotecária - CRB-8/9380

Editora Lafonte
Av. Profª Ida Kolb, 551, Casa Verde, CEP 02518-000, São Paulo-SP, Brasil — Tel.: [+55] 11 3855-2100
Atendimento ao leitor [+55] 11 3855-2216 / 11 3855-2213 — atendimento@editoralafonte.com.br
Venda de livros avulsos [+55] 11 3855-2216 — vendas@editoralafonte.com.br
Venda de livros no atacado [+55] 11 3855-2275 — atacado@escala.com.br

William Shakespeare

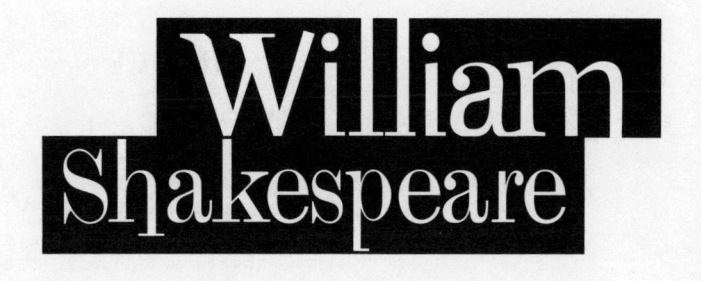

Sonho de uma Noite de Verão

A Tempestade

Tradução Otavio Albano

Brasil, 2022

Lafonte

ÍNDICE

Sonho de uma Noite de Verão

PERSONAGENS DRAMÁTICOS 8

ATO I

CENA I 11
CENA II 19

ATO II

CENA I 25
CENA II 33

ATO III

CENA I 41
CENA II 49

ATO IV

CENA I 69
CENA II 77

ATO V

CENA I 81

A Tempestade

PERSONAGENS DRAMÁTICOS **100**

ATO I

CENA I. 103
CENA II. 107

ATO II

CENA I. 127
CENA II. 140

ATO III

CENA I. 149
CENA II. 152
CENA III. 159

ATO IV

CENA I. 165

ATO V

CENA I. 179

Sonho de uma Noite de Verão

PERSONAGENS DRAMÁTICOS

TESEU, duque de Atenas

HIPÓLITA, rainha das amazonas, noiva de Teseu

EGEU, pai de Hérmia

HÉRMIA, filha de Egeu, apaixonada por Lisandro

HELENA, apaixonada por Demétrio

LISANDRO E DEMÉTRIO, apaixonados por Hérmia

FILOSTRATO, Mestre de cerimônias de Teseu

QUINA, o carpinteiro

JUSTINHO, o marceneiro

BOBINA, o tecelão

SANFONA, o remendeiro de foles

BICUDO, o funileiro

FOMINHA, o alfaiate

OBERON, rei das fadas

TITÂNIA, rainha das fadas

PUCK OU ROBIN GOODFELLOW, bobo da corte e servidor de Teseu

ERVILHA-DE-CHEIRO, TEIA DE ARANHA, MARIPOSA E SEMENTE DE MOSTARDA, fadas

PÍRAMO, TISBE, MURO, LUAR E LEÃO, personagens do interlúdio, encenados pelos palhaços

OUTRAS FADAS, a serviço de Oberon e Titânia

CRIADOS DE TESEU E HIPÓLITA

CENÁRIO

ATENAS E UMA FLORESTA PRÓXIMA.

ATO I

CENA I.
ATENAS. UMA SALA DO PALÁCIO DE TESEU.

[*Entram Teseu, Hipólita, Filostrato e seus criados.*]

TESEU Bela Hipólita, a hora de nossas núpcias se aproxima. Quatro felizes dias trarão a Lua nova, mas, ah, como essa velha Lua mingua devagar! Ela atrasa meus desejos como uma madrasta ou uma viúva que hesita em dar ao jovem sua herança.

HIPÓLITA Quatro dias rapidamente se transformarão em noites. Quatro noites rapidamente farão do tempo sonhos. E, então, a Lua nova, como um arco de prata contraído no céu, observará a noite de nossas solenidades.

TESEU Vai, Filostrato, incita a juventude ateniense às comemorações. Desperta o vivo e ágil espírito do riso. Deixe a melancolia para os funerais, gente apática não serve à nossa festa.

[*Sai Filostrato.*]

Hipólita, conquistei-a com minha espada e, ao feri-la, tive seu amor. Mas nosso casamento terá outro ânimo, com pompas, triunfos e folias.

[*Entram Egeu, Hérmia, Lisandro e Demétrio.*]

EGEU   Salve, Teseu, nosso famoso duque!

TESEU   Obrigado, meu bom Egeu. Que notícias nos traz?

EGEU   Venho acabrunhado, cheio de reclamações contra minha filha, Hérmia. Aproxime-se, Demétrio. Meu nobre lorde, este homem teve minha permissão para desposá-la. Aproxime-se, Lisandro. Mas este homem, meu amável duque, enfeitiçou minha filha. Você, ó, Lisandro, ofereceu-lhe versos e trocou juras de amor com minha Hérmia. Sob o luar, fez-lhe serenatas ao pé da janela, fingindo amor com falsa voz, captando sua imaginação com mechas de seus cabelos, anéis, enfeites, bobagens, bugigangas, besteiras, flores e doces (que têm muita influência sobre a frágil juventude). Com truques, roubou o coração de minha filha e transformou sua obediência (que me pertencia) em cruel teimosia. E, meu amável duque, se ela se recusar a se casar com Demétrio diante de Sua Graça, invocarei a antiga lei de Atenas: como ela é minha, posso dispor dela como bem quiser. Ou aceita ir com este cavalheiro ou irá para a morte, de acordo com nossa lei que trata de casos como este.

TESEU   O que me diz, Hérmia? Pense bem, minha bela dama. Para você, seu pai é como um deus, aquele que deu origem à sua beleza e a quem você não passa de cera que ele mesmo moldou, tendo o poder de lhe dar forma ou desfigurá-la. Demétrio é um cavalheiro muito valoroso.

HÉRMIA   Assim como Lisandro.

TESEU   Concordo. Mas como seu pai discorda, o outro acaba mais merecedor.

HÉRMIA   Quem dera meu pai o visse com meus olhos.

TESEU   Seus olhos é que devem julgá-lo com os dele.

HÉRMIA Peço que Sua Graça me perdoe, porém não sei que espécie de poder me faz tão ousada, nem como insulto minha modéstia anunciando assim meus pensamentos. Mas rogo à Sua Graça que me diga o que de pior pode vir a acontecer comigo caso eu me recuse a desposar Demétrio.

TESEU   Ou morrerá ou terá de renunciar à companhia dos homens. Portanto, minha bela Hérmia, questione seus desejos, tome consciência de sua juventude, examine sua linhagem. Caso contrário, se não ceder à escolha de seu pai, terá que tomar o hábito de freira, cativa eternamente no claustro obscuro, vivendo como uma irmã estéril por toda a vida, cantando débeis hinos à Lua fria. Triplamente benditas aquelas que dominam seu sangue, sempre em casta peregrinação. Mas, mais feliz na Terra é a rosa destilada do que aquela que, murchando no espinho virgem, vive, cresce e morre na abençoada solidão.

HÉRMIA Então que eu cresça, viva e morra, meu senhor, antes de ceder minha virgindade ao jugo indesejado de um lorde que minha alma não quer como soberano.

TESEU   Dê-se um tempo para refletir até a próxima Lua nova, data que sela meu destino ao de minha amada, fazendo-nos companheiros eternos. Nesse dia, prepare-se para morrer por se recusar a obedecer a seu pai. Case-se com Demétrio — como quer ele — ou, no altar de Diana[1], comprometa-se a levar uma vida de austeridade e celibato.

---

1   Deusa romana da Lua e da caça, protetora da virgindade. (N. do T.)

DEMÉTRIO   Concorde, doce Hérmia; e, Lisandro, ceda seu apego ao meu direito legítimo.

LISANDRO   Você tem o amor do pai dela, Demétrio. Deixe o amor de Hérmia para mim e se case com ele.

EGEU   Desdenhoso Lisandro, você tem razão, ele me ama. E o que é meu, meu amor lhe oferecerá. E ela é minha, e meus direitos sobre ela me fazem concedê-la a Demétrio.

LISANDRO   Meu senhor, sou igual a ele tanto em posses como em linhagem. Meu amor é ainda maior do que o dele. Minha fortuna se assemelha à de Demétrio em tudo, se é que não a ultrapassa. E, mais do que tudo que ele possa vir a ter, eu sou amado pela bela Hérmia. Ora, não deveria então ir atrás de meu direito? Demétrio — e vou lhe dizer tudo isso em sua presença — namorou Helena antes de Hérmia, conquistando-lhe a alma. E ela, tão doce donzela, dedica toda a devoção, chegando à idolatria, a esse homem desonrado e inconstante.

TESEU   Devo confessar que já ouvi falar disso, e pensei em comentar a respeito com Demétrio. Contudo, como ando muito ocupado com meus assuntos, acabei esquecendo de fazê-lo... Mas, Demétrio, venha comigo. Egeu, venha também. Quero dar instruções particulares aos dois... Quanto a você, Hérmia, trate de se preparar para submeter suas fantasias à vontade de seu pai, caso contrário a lei de Atenas (e não podemos nunca a extenuar) vai levá-la à morte ou ao voto de celibatária. Vamos, minha Hipólita. O que foi, meu amor? Demétrio e Egeu, sigam-me. Quero que façam algumas tarefas ligadas às nossas núpcias e lhes falar de outro assunto, que diz respeito aos dois.

EGEU   Por dever e vontade, nós o seguimos.

[*Saem todos, exceto Lisandro e Hérmia.*]

LISANDRO   O que foi, meu amor? Por que ficou tão pálida? Por que essas rosas murcharam tão rápido?

HÉRMIA   É provável que seja falta de chuva, mas posso regá-las com a enxurrada de meus olhos.

LISANDRO   Ai, de mim! Em tudo que já li até hoje e em todas as lendas e histórias de que já ouvi falar, o amor de verdade nunca percorreu caminhos fáceis, seja por diferenças de sangue...

HÉRMIA   Ó, cruz! Grande demais para ser leve...

LISANDRO   ...ou por discrepância de idades...

HÉRMIA   Ah, que ódio! Separar alguém velho demais para desposar uma jovem.

LISANDRO   ...ou por escolha dos amigos...

HÉRMIA   Ah, que inferno! Escolher o amor pelos olhos dos outros!

LISANDRO   Ou, quando há simpatia na escolha, a guerra, a morte ou a doença o atacam, transformando-o em ruído momentâneo, em ágil sombra, em sonho fugaz, tão breve quanto um raio nas trevas da noite, que em um instante atravessa céus e terras e que, antes mesmo que se possa exclamar "Olhe!", é devorado pelas garras da escuridão. O que brilha muito rápido acaba desorientando.

HÉRMIA   Então, se os amantes de verdade sempre sofreram, essa deve ser uma lei do destino. Ensinemos, pois, à nossa adversidade a paciência, tão costumeira cruz, tão pertencente ao amor quanto as lembranças, os sonhos, os suspiros, os desejos e as lágrimas, pobres discípulos da fantasia.

LISANDRO   Belo raciocínio! Por isso, escute-me, Hérmia. Tenho uma tia viúva muito rica que não tem filhos. Ela mora em uma casa longínqua, a sete léguas de Atenas, e me considera seu único filho. Poderei desposá-la, minha doce Hérmia, e levá-la para esse lugar, onde a lei ateniense não poderá nos perseguir. Se você me ama de verdade, fuja da casa de seu pai amanhã à noite. E, na floresta, a uma légua da cidade — onde já a encontrei certa vez com Helena, nas festividades de maio — ficarei à sua espera.

HÉRMIA   Meu bom Lisandro! Juro pelo mais forte arco do Cupido, pela sua flecha de ponta dourada mais potente, pela simplicidade das pombas de Vênus, por tudo que une as almas e faz o amor prosperar, pelo fogo que queimou a rainha de Cartago quando a abandonou o falso troiano e por todas as juras por homens rompidas — que em muito excedem as feitas por mulheres — que vou encontrá-lo amanhã sem falta.

LISANDRO   Mantenha sua promessa, meu amor. Aí vem Helena.

[*Entra Helena.*]

HÉRMIA   Bons ventos a trazem, bela Helena! Para onde vai?

HELENA   Chamou-me de bela? Pode retirar o que disse. Demétrio ama a *sua* beleza. Ó, bela e feliz! Seus olhos são a estrela do norte, e seu falar é melodia mais doce do que o canto da cotovia para o pastor de ovelhas, quando o trigo está verde e os botões desabrocham. Se contraímos doenças, por que não a beleza?

	Com certeza, pegaria a sua, bela Hérmia. Meus ouvidos captariam sua voz, meus olhos, os seus e, minha voz, sua doce melodia. Se fosse meu este mundo, apenas tomaria para mim Demétrio, e o resto lhe concederia. Ah, ensine-me a olhar como você e a conquistar o coração de Demétrio como você fez!
HÉRMIA	Faço-lhe caretas, e ele continua a me amar.
HELENA	Ah, se suas caretas ensinassem essa arte a meus sorrisos!
HÉRMIA	Eu o calunio, e ele me fala de amor.
HELENA	Ah, se minhas orações tivessem tal resultado!
HÉRMIA	Quanto mais o odeio, mais ele me persegue.
HELENA	Quanto mais o persigo, mais ele me odeia.
HÉRMIA	A loucura dele não é culpa minha, Helena.
HELENA	Mas quem dera sua beleza fosse minha!
HÉRMIA	Console-se: ele nunca mais verá meu rosto. Lisandro e eu vamos fugir daqui. Antes de conhecer Lisandro, Atenas parecia um paraíso para mim. Ah, mas agora esse amor tão gracioso transformou meu céu em um inferno!
LISANDRO	Helena, vamos revelar nossos planos para você. Amanhã à noite, quando Febo[2] vir seu reflexo no espelho das águas, decorando com o líquido perolado a relva verde — a hora que oculta o amante foragido — já teremos atravessado os portões de Atenas.

---

2 Deus romano da Lua. (N. do T.)

HÉRMIA   E na floresta onde muitas vezes você e eu repousávamos sobre leitos de prímulas caídas, desabafando o que nos ia no peito, Lisandro e eu nos encontraremos. E, a partir de então, daremos as costas a Atenas, em busca de novos amigos e companhias diferentes. Adeus, minha doce amiga. Ore por nós, e que a sorte lhe conceda seu Demétrio! Cumpra com sua palavra, Lisandro. Devemos privar nossos olhos do alimento do amor até amanhã à meia-noite.

LISANDRO   Assim o farei, Hérmia.

[*Sai Hérmia.*]

Adeus, Helena.
Que Demétrio a ame como você o ama.

[*Sai Lisandro.*]

HELENA   Como é bom ser feliz por outro alguém! Por toda a Atenas, consideram-me tão bela quanto ela. Mas que importa? Demétrio não pensa assim, ele ignora o que todos já sabem. Se ele erra ao se apaixonar pelos olhos de Hérmia, também erro eu ao admirar suas qualidades. Mesmo coisas vis e baixas, em pouca quantidade, ganham forma e dignidade pelo amor. O amor não vê com os olhos, e sim com a mente. É por isso que pintam o alado Cupido como um cego. O amor não tem gosto ou razão. Asas, sem olhos, afobam-se sem critério. Não é à toa que dizem que o amor é uma criança, pois tantas vezes faz a escolha equivocada. Como os travessos meninos, que roubam nas brincadeiras, também o Cupido engana por toda parte. Pois, antes de Demétrio pousar os

olhos em Hérmia, ele me embebia de juras de amor
e parecia ser só meu. Entretanto, quando sentiu o
calor de Hérmia, derreteu-se todo e cessou a torrente
de amor. Vou lhe contar que a bela Hérmia vai fugir.
E, amanhã, ele a perseguirá pela floresta. Com esse
aviso, Demétrio há de me mostrar gratidão. Sei que
isso apenas aumentará minha dor, mas terei seu
olhar por um instante.

[*Sai Helena.*]

CENA II.
ATENAS. A SALA DE UMA CABANA.

[*Entram Quina, Justinho, Bobina, Sanfona,
Bicudo e Fominha.*]

QUINA   Nossa companhia está toda aqui?

BOBINA   É melhor chamar todos um a um,
como está no roteiro.

QUINA   Eis aqui a lista de nomes de cada homem que
toda a Atenas achou capazes de atuar em nosso
interlúdio diante do duque e da duquesa na
noite de seu casamento.

BOBINA   Primeiro, meu bom Pedro Quina, diga do que trata
a peça; depois, leia o nome dos atores. Por fim,
chegue ao ponto!

QUINA   Muito bem. Nossa peça trata da lamentável comédia
e intensamente cruel morte de Píramo e Tisbe.

BOBINA   Dou-lhe minha palavra que é uma bela peça, muito alegre. Agora, meu bom Pedro Quina, chame os atores pelo nome. Caros Mestres, alinhem-se.

QUINA   Respondam assim que eu os chamar. Zé Bobina, o tecelão!

BOBINA   Pronto! Diga qual é o meu papel e continue.

QUINA   Você, Zé Bobina, está acertado para ser Píramo.

BOBINA   E o que é esse tal Píramo... um amante ou um tirano?

QUINA   Um amante, que se mata por amor de modo muito galante.

BOBINA   Isso vai pedir muitas lágrimas para ser bem representado. Se eu o fizer, que a plateia tome cuidado com seus olhos. Vou gerar tormentas, criar condolências de alguma maneira. Quanto ao resto... Mas meu dom de verdade é o de ser tirano. Poderia atuar como Hércules ou em outro papel que assustaria até um gato, arrebentando com tudo.

> *As rochas raivosas,*
>
> *Os choques tremendos,*
>
> *Quebram as trancas*
>
> *Dos portões das celas,*
>
> *E o carro de Febo*
>
> *Brilha lá longe,*
>
> *Arruinando com tudo*
>
> *O tolo destino.*

Essa foi boa. Agora nomeie o resto dos atores. Essa é a verve de Hércules, um tirano; um amante é mais pungente.

QUINA   Chico Sanfona, o remendeiro de foles.

SANFONA   Aqui, Pedro Quina.

QUINA   Sanfona, você vai ter de ser Tisbe.

SANFONA   E o que é Tisbe? Um cavaleiro andante?

QUINA   É a dama por quem Píramo se apaixona.

SANFONA   Palavra de honra, não me faça pegar um papel de mulher. Minha barba já está crescendo.

QUINA   Isso tanto faz. Você vai ter de usar uma máscara, e pode falar com a voz como quiser.

BOBINA   Se posso esconder minha cara, deixe-me fazer Tisbe então. Sei falar com uma voz fina monstruosa. "Tisbe, Tisbe...", "Ah, Píramo, meu caro amante! Sou sua Tisbe querida! Sua dama adorada!"

QUINA   Não, não, você tem que fazer Píramo. E você, Sanfona, Tisbe.

BOBINA   Muito bem, continue.

QUINA   Beto Fominha, o alfaiate.

FOMINHA   Aqui, Pedro Quina.

QUINA   Fominha, você vai fazer a mãe de Tisbe. Toninho Bicudo, o funileiro.

BICUDO   Aqui, Pedro Quina.

QUINA   Você será o pai de Píramo. E eu, o de Tisbe. Justinho, o marceneiro, fará o papel do Leão. E acredito que, assim, nossa peça está acertada.

JUSTINHO   Você tem aí as falas do Leão por escrito? Se tiver, peço que me entregue logo, pois sou muito lento para decorar.

QUINA   Poderá fazer de improviso, pois é só ficar rugindo.

BOBINA	Então me deixe fazer o Leão também. Vou rugir de forma a alegrar o coração de qualquer um que me ouvir. Vou rugir até que o Duque diga: "Deixem-no rugir mais, deixem-no rugir de novo".
QUINA	Se rugir de modo assim tão terrível, vai assustar a duquesa e as damas. E elas podem começar a gritar e nos mandar para a forca.
TODOS	A nós todos, até o último filho da mãe.
BOBINA	Meus amigos, eu sei muito bem que se vocês assustassem dessa maneira aquelas damas, elas não se importariam de nos mandar à forca. Mas posso tornar minha voz tão grave que acabarei rugindo de forma delicada, igual a uma pombinha. Vou rugir como se fosse um rouxinol.
QUINA	Você não pode fazer nenhum papel a não ser o de Píramo, pois Píramo é um moço de cara doce, um moço direito, o mais gentil dos cavalheiros. E, por isso, é o papel de Píramo que você vai ter de fazer.
BOBINA	Está bem, vou ser Píramo então. Qual é a melhor barba para usar?
QUINA	Ora, a que quiser.
BOBINA	Vou atuar com uma barba cor de palha, ou com uma laranja meio amarelada, ou, então, meio púrpura, ou aquela da cor da coroa francesa, de um amarelo perfeitinho.
QUINA	A coroa francesa não tem cabelo nenhum — você vai acabar é sem barba. Mas, meus Mestres, eis aí seus papéis. Devo lhes pedir, implorar, solicitar, que decorem tudo até amanhã à noite. Encontrem-me na floresta do palácio, a um quilômetro da cidade, sob o luar. Nós vamos ensaiar lá, pois se nos reunirmos

na cidade, seremos perseguidos por um bando de gente, e descobrirão nossos truques. Nesse meio-tempo, vou fazer uma lista dos adereços de que nosso espetáculo precisa. Por favor, não me deixem na mão.

BOBINA Vamos nos reunir, e lá poderemos ensaiar com toda a obscenidade e coragem. Esforcem-se à perfeição. Adeus.

QUINA Nós nos encontramos no carvalho do duque.

BOBINA Combinado. Aconteça o que acontecer.

[*Saem de cena.*]

ATO II

CENA I.
UMA FLORESTA PRÓXIMA A ATENAS.

[*Entra uma fada por uma porta
e Puck por outra.*]

PUCK   Ave, espírito! Para onde vai?

FADA   Através de colinas e vales, em meio a arbustos e roseiras, por parques e cercas, correntes e queimadas, eu perambulo por todos os lugares, mais rápido do que a Lua. Sirvo à fada-rainha, espalho o orvalho sobre a relva. Sou guarda das prímulas e de seus buquês dourados; aquelas mais vermelhas são suas favoritas, e ela as decora com cor e odor. Agora, devo ir buscar algumas gotas de orvalho, para perolar cada uma destas florzinhas. Adeus, mais cafona dos espíritos, vou-me embora. Nossa rainha e seus elfos já estão para chegar.

PUCK   O rei deve festejar hoje à noite. É melhor que a rainha fuja deste lugar, pois Oberon está muito zangado por ela ter arranjado como criado um adorável menino, roubado de um rei indiano. Ela nunca viu menininho tão doce. E o ciumento Oberon o quer em seu séquito, para com ele atravessar as florestas. Porém ela insiste em reter o menino, coroando-o de flores, pois se tornou toda a sua alegria. E agora, quando Oberon e ela se encontram, seja em vale ou floresta, em clara fonte ou campo estrelado, nada fazem além de brigar. Brigam tanto que seus elfos se arrastam até as flores e lá se escondem.

FADA Ou eu me enganei completamente ou estou vendo aquela fada astuta e desonesta a quem chamam de Robin Goodfellow? Não é ele quem assusta as donzelas do vilarejo, faz o leite coalhar e, às vezes, mete-se a trabalhar no moinho, estragando a manteiga e acabando com o levedo da cerveja? E faz os andarilhos se perderem e ri de seu infortúnio? Só aqueles que o chamam de doce Puck é que têm sorte e são por ele ajudados. Não é você?

PUCK Falou com propriedade. Sou eu o errante da noite. A mim cabe fazer Oberon sorrir. Sei assustar os cavalos, relinchando como uma égua acabada de nascer. Sei também me esconder nas canecas das mulheres, parecendo uma maçã assada e, quando alguma delas vai beber, sedenta, faço-a se babar toda. Mesmo a senhorinha mais sábia, quando vai contar suas histórias tristes, acha que eu sou um banquinho de madeira — eu escorrego para o lado, e ela dá de bunda no chão! E a velha grita e tosse, e todo mundo explode de rir, segurando os quadris e arfando, como se não houvesse melhor hora no dia. Mas agora, suma, fada. Aí vem Oberon.

FADA E também minha rainha. É ele quem deve sumir.

[*Entra Oberon por uma porta, com seu séquito, e Titânia por outra, com o dela.*]

OBERON Então, nos encontramos sob o luar, afetada Titânia.

TITÂNIA   Ora, ora, ciumento Oberon! Vamos logo, fadas, já reneguei o leito e a companhia desse aí.

OBERON   Calma lá, mulher! Não sou eu o seu senhor?

TITÂNIA   Então devo ser sua senhora. Mas sei que você fugiu de nossa terra e, disfarçado de Corino, passava o dia inteiro tocando canções de amor à amorosa Fílida em sua flauta[3]. Por que está aqui, então, vindo lá dos confins da Índia, se não porque a sedutora amazona — sua amante de botas, sua guerreira do amor — vai se casar com Teseu e você deve abençoar seu leito de alegria e prosperidade?

OBERON   Mas que vergonha, Titânia, ousar falar comigo a respeito de Hipólita, quando sei que você ama Teseu! Não foi você quem o guiou pela deslumbrante noite até Perígona, só para encantá-la? Ou quem o ajudou a trair Aglaia com Ariadne e Antíopa?[4]

TITÂNIA   Essas são mentiras do ciúme. E nunca desde a metade do verão, nós nos encontramos, seja em um vale, floresta ou pradaria, nem em fonte rochosa ou nas águas de um riacho, nem ainda em uma praia, junto ao mar, para dançar em roda ao som dos ventos, sem seus gritos por perto para perturbar nossos jogos. E, por isso, os ventos, cantando em vão, como vingança começaram a assoprar dos mares neblinas contagiosas que, recaindo sobre a terra, tornaram qualquer riachinho cheio de orgulho, transbordando sobre os continentes. Os bois, então, esforçaram-se

---

3 Corino e Fílida são nomes tradicionais nas poesias pastoris do século 16, muito usados por Shakespeare em suas peças. (N. do T.)
4 Perígona, Aglaia, Ariadne e Antíopa são amazonas e ninfas da mitologia grega. (N. do T.)

inutilmente, o lavrador perdeu seu suor e o milho
verde apodreceu antes mesmo de crescer sua barba.
O curral, sob as águas, permanece vazio, e os corvos
alimentam-se do gado morto. As sementeiras estão
cheias de lama, e os labirintos de verdor, por falta de
cuidados, desapareceram. Os mortais querem ter
seu inverno de volta, as noites não têm mais a bênção
dos hinos e canções. Por isso a Lua, governante das
águas, pálida de raiva, inundou os ares de doenças
reumáticas. E, em meio a esse destempero, vemos as
estações se alterarem — geadas recaem sobre o colo
dos botões de rosa, ao passo que nos cumes mais
nevados jaz uma guirlanda de flores perfumadas, por
puro deboche. Primavera, verão, o frutífero outono e
o irado inverno trocam de vestes, e o mundo, atônito,
não sabe mais distinguir uns dos outros. E toda essa
geração de malefícios vem da nossa discussão, da
nossa briga: somos seus pais e sua origem.

OBERON   Pode consertar tudo, então. A culpa é sua. Por que
Titânia brigou com Oberon? Eu só pedi que me desse
o menino como pajem.

TITÂNIA   Fique tranquilo. Seu reino não é capaz de comprar
meu menino. Sua mãe era uma das minhas devotas,
e nas perfumadas noites indianas comigo conversou
muitas vezes. E se sentava ao meu lado nas areias
douradas de Netuno, observando os navios que
percorriam os mares e rindo comigo das velas
engravidadas pelo vento, tão parecidas com ela,
já com meu jovem pajem no rico útero. E imitava
as naus, navegando pela Terra, indo me buscar
presentinhos como se fossem mercadorias de valor.
Mas, como era mortal, morreu no parto,
e é por ela que estou criando seu menino,
e por ela não me separarei dele.

OBERON — Por quanto tempo pretende ficar nesta floresta?

TITÂNIA — Provavelmente até depois do casamento de Teseu. Se você quiser ver, com todo o respeito, nossas festas e danças ao luar, pode vir conosco. Caso contrário, evite-me, como eu também o farei.

OBERON — Dê-me o menino que eu vou com você.

TITÂNIA — Nem por todo o seu reino. Vamos embora, fadas. Se ficarmos mais um pouco, vamos brigar outra vez.

[*Sai Titânia com seu séquito.*]

OBERON — Muito bem, vá embora. Mas não sairá desta floresta sem que eu a penalize por sua injúria. Meu doce Puck, venha aqui. Você se lembra de quando me sentei em um promontório e ouvi uma sereia sentada no dorso de um golfinho cantar tão doces melodias que o mar bravio se acalmou com seu canto e algumas estrelas saíram de suas órbitas para ouvi-la?

PUCK — Lembro.

OBERON — Naquele dia eu vi — mas você não — pairando entre a Lua fria e a Terra, Cupido todo armado: ele mirou em uma fada vestal que vivia no Oeste e disparou sua flecha com a capacidade de perfurar cem mil corações. Mas a seta ardente do jovem Cupido se apagou nos castos raios do luar. E a imperial virgem continuou seu passo, meditando como donzela, sem arreios à fantasia. Porém eu notei onde caiu a flecha: em uma pequena flor ocidental, outrora pálida como leite, e púrpura com a ferida do amor. As donzelas a nomearam amor-perfeito. Vá me buscar uma flor dessas, que já lhe mostrei antes. Seu néctar, pingado em pálpebras adormecidas, fará qualquer homem ou

	mulher se apaixonar pela primeira criatura viva que vir. Vá buscá-la e a traga até aqui, antes que o Leviatã[5] possa nadar uma só légua.
PUCK	Posso dar a volta no globo todo em quarenta minutos.

[*Sai.*]

OBERON	Com esse néctar em mãos, vou esperar que Titânia adormeça e derramo o líquido em seus olhos. A primeira coisa que vir ao acordar — seja um leão, urso, lobo, búfalo, macaco travesso ou mico intrometido — há de perseguir, apaixonada. E, antes que de seus olhos eu tire o encanto — o que posso fazer com outra erva — farei com que me entregue o pajem. Mas quem vem lá? Estou invisível, vou escutar sua conversa.

[*Entra Demétrio, seguido por Helena.*]

DEMÉTRIO	Eu não te amo, pare de me perseguir. Onde estão Lisandro e a bela Hérmia? Vou matá-lo, e ela há de me matar. Você me disse que os dois estariam nesta floresta, e cá estou, louco por não poder encontrar minha Hérmia. Vá, caia fora, e pare de me seguir.
HELENA	Você é quem me atrai, com seu coração duro. Mas seu coração não é de ferro, já que atrai o meu, de aço verdadeiro. Quando não mais me atrair, não terei mais forças para segui-lo.

---

5   Peixe feroz, parte da mitologia bíblica. (N. do T.)

DEMÉTRIO   Eu te atraio? Por acaso digo que é bela? Não lhe disse, com toda a franqueza, que não te amo?

HELENA   E, por isso, amo-o ainda mais. Sou seu cachorrinho, Demétrio — quanto mais você me bate, mais vou bajulá-lo. Pois pode me tratar como um cachorro, pode me bater, rejeitar-me, abandonar-me, mas deixe-me segui-lo, mesmo que eu não mereça. Não há maneira pior de implorar por seu amor — e, ainda assim, já considero muito — do que ser tratada como seu cachorro?

DEMÉTRIO   Não provoque o ódio de meu espírito, pois fico doente só de vê-la.

HELENA   E eu, doente quando não o vejo.

DEMÉTRIO   Você já acaba com sua honra ao deixar a cidade e se envolver com alguém que não te ama, ao confiar a riqueza de sua virgindade às brechas da noite ou à imprudência de um local deserto.

HELENA   Sua virtude é minha proteção. Pois nunca
                    falta luz quando vejo seu rosto, por isso, para
                    mim, não é noite, nem falta companhia ao meu
                    redor, já que você é o mundo inteiro, a meu ver.
                    Como se pode então dizer que estou sozinha,
                    se o mundo todo me acompanha quando você
                    está do meu lado?

DEMÉTRIO   Vou fugir de você e me esconder no mato, deixando-a à mercê das feras selvagens.

HELENA   Nem a mais selvagem delas tem o coração pior do que o seu. Fuja, se quiser, mas a história há de mudar. Apolo fugiu e Dafne foi atrás dele, a pomba persegue o grifo e a meiga corça corre atrás do tigre. Corrida inútil, em que o covarde caça o valente.

DEMÉTRIO   Não vou mais ouvir suas questões. Deixe-me ir. Se me seguir, pode ter certeza de que vou aprontar alguma para você na floresta.

HELENA   Seja no templo, na cidade, no campo, você só sabe me fazer mal. Francamente, Demétrio, suas atitudes me fazem envergonhar meu sexo. Não podemos lutar pelo amor como os homens. Devemos ser cortejadas, e não cortejar.

[*Sai Demétrio.*]

Vou segui-lo, e fazer do seu paraíso um inferno, mesmo que seja para morrer pelas mãos daquele que eu amo.

[*Sai Helena.*]

OBERON   Adeus, ninfa! Antes de sair desta floresta, é você quem fugirá ao amor dele.

[*Entra Puck.*]

Já tem a flor com você? Seja bem-vindo, andarilho.

PUCK   Sim, aqui está ela.

OBERON   Por favor, passe-a para mim. Conheço uma margem em que cresce o tomilho, em que germinam a prímula e a oscilante violeta, cobertas pelo manto das madressilvas, junto às rosas multicores. Lá, de vez em quando, Titânia dorme à noite, embalada pelo deleite e pelas danças dessas flores, coberta pela pele esmaltada da cobra que envolve cada fada. Com esse néctar, vou regar os olhos dela e

povoar sua mente com odiosas fantasias.
Pegue você também um pouco e procure pela
floresta uma doce moça de Atenas que está
apaixonada por um rapaz desdenhoso. Molhe
os olhos dele e garanta que seu primeiro olhar
seja para a moça! Você o reconhecerá pelos
belos trajes atenienses que veste. Mas tome
cuidado, faça com que ele a ame mais do que
por ela é amado. E volte antes do primeiro
galo cantar a aurora.

PUCK Não tema, meu senhor, seu criado fará
tudo como mandou.

[*Saem de cena.*]

CENA II.
OUTRA PARTE DA FLORESTA.

[*Entra Titânia com seu séquito.*]

TITÂNIA Venham, minhas fadas, façam-me uma dança de
roda e uma cantiga. E, ao último terço de um minuto,
saiam. Algumas matarão os parasitas das rosas,
outras arrancarão as asas dos morcegos para fazer
casaquinhos para os elfos. Outras ainda devem calar
as barulhentas corujas noturnas, que nos espantam
com seus pios. Agora, cantem para eu dormir. E,
depois, vão fazer suas tarefas e me deixem descansar.

[*As fadas cantam.*]

PRIMEIRA
FADA   *Cobras de língua dobrada*
             E ouriços espinhentos, sumam da vista!
             Salamandras e doninhas, fiquem quietas.
             Não se aproximem de nossa fada-rainha!

CORO   *Com harmonia, rouxinol,*
             Cante sua canção de ninar:
             Nana, nana, ninou;
             Nana, nana, ninou.
             Sem mal, feitiço ou encanto,
             Nossa adorável dama vai cochilar.
             E pela noite há de descansar.

PRIMEIRA
FADA   *Aranhas tecedoras, vão embora,*
             Vocês também, aranhas de pernas longas.
             Que o besouro suma da vista
             E verme e lesma não façam troça.

CORO   *Com harmonia, rouxinol etc.*

SEGUNDA
FADA   Vamos embora! Agora tudo está quieto. Deixemos apenas uma sentinela de guarda.

             [*Saem as fadas. Titânia dorme. Entra Oberon.*]

OBERON   [*Fazendo cair a seiva da flor nos olhos de Titânia.*]
             O que você vir ao acordar vai tomar por verdadeiro amor, suspirando e sofrendo de paixão. Seja onça,

gato, urso ou um javali com pelos eriçados —
quando você despertar, esse ser se transformará
em seu amado. E há de acordar quando um
ser vil se aproximar.

[*Sai. Entram Lisandro e Hérmia.*]

LISANDRO   Meu amor, você está quase desmaiando nesta
floresta. E, para dizer a verdade, acredito que
estamos perdidos. Se concordar, vamos descansar
aqui, Hérmia, e esperar pelo conforto da luz do dia.

HÉRMIA   Está bem, Lisandro. Ache onde se deitar. Vou
recostar minha cabeça nesse canto.

LISANDRO   Vamos usar esse relvado como travesseiro para
nós dois. Um leito para duas almas com um só
coração, uma verdade.

HÉRMIA   Não, meu bom Lisandro. Por mim, meu querido,
façamos o que é certo: não se deite tão perto, vá um
pouco mais longe.

LISANDRO   Ah, minha querida, compreenda minha inocência!
Meu amor falou por pura conveniência. Quis dizer
que meu coração está tão ligado ao seu que um
único coração parece imperar. Nosso peito está
unido por nossas juras e nossos pensamentos. Então,
não me negue deitar ao seu lado. Nada farei só
por estar deitado.

HÉRMIA   Lisandro fala de forma muito bela. Malditos sejam
meu comportamento e meu orgulho, se Hérmia
intentou dizer que Lisandro mentiu! Mas, meu
amigo, por amor e cortesia, deite-se um pouco mais
longe, pois essa distância é virtuosa tanto à donzela
como ao rapaz. Então, aí longe, tenha uma boa noite,

meu gentil amigo. E que seu amor não se altere até que sua doce vida termine!

LISANDRO   Amém, amém, é o que digo a tão bela prece. E que me cesse a vida, se eu cessar minha lealdade! Eis aqui meu leito. Que o sono lhe dê o máximo repouso!

HÉRMIA   É o que lhe desejo em retorno!

[*Eles dormem. Entra Puck.*]

PUCK   Toda a floresta percorri, mas não vi nenhum ateniense em cujos olhos poderia pingar essa poção floral que incita o amor. Só noite e silêncio! Quem vejo aqui? Roupas de Atenas veste, deve ser aquele que meu Mestre indicou, que despreza a donzela da mesma cidade. E ali, a moça, dormindo a sono solto na terra enlameada. Que bela dama, nem pôde se deitar ao lado desse desalmado, desse infame. Rude homem, em seus olhos despejo todo o poder que há neste encanto. Quando acordar, que o amor não o deixe mais descansar. Desperte quando eu partir, pois devo voltar para Oberon.

[*Sai. Entram correndo Demétrio e Helena.*]

HELENA   Meu doce Demétrio, pare! Está me matando.
DEMÉTRIO   Vá embora, então. Mas pare de me seguir assim.
HELENA   Você vai me deixar neste escuro? Por favor, não.
DEMÉTRIO   Fique por sua conta e risco. Mas eu parto sozinho.

[*Sai Demétrio.*]

HELENA   Ah, já estou sem fôlego com essa caçada! Quanto mais eu rezo, pior é minha graça. Feliz é Hérmia, onde quer que esteja, abençoada por olhos tão atraentes. Como seus olhos brilham tanto, sem derramar pranto? Pois meus olhos têm mais lágrimas do que os dela. Não, não, devo realmente ser feia como um urso, pois até mesmo as feras correm de mim. Não é surpresa que Demétrio, como a fera, fuja de minha presença. Mas que espelho disforme e perverso me fez comparar meu olhar ao de Hérmia? Mas quem está aqui? Lisandro, deitado no chão? Está morto ou dormindo? Não vejo sangue, nem ferida. Lisandro, meu bom senhor, acorde se vive.

LISANDRO   [*Acordando.*] Vou atravessar as chamas por seu amor, belíssima Helena! A natureza me revela sua arte, pois em seu peito vejo o coração. Onde está Demétrio? Ah, aquele vil há de perecer sob minha espada!

HELENA   Não diga isso, Lisandro, não diga isso. Que importa se ele ama sua Hérmia, meu senhor? Hérmia continua a amá-lo. Contente-se com isso.

LISANDRO   Contentar-me com Hérmia? Não, arrependo-me dos minutos entediantes que gastei correndo atrás dela. Não é Hérmia que eu amo, e sim Helena. Quem não haveria de trocar um corvo por uma pomba? A vontade do homem é guiada pela razão, e ela me diz que você é donzela mais valorosa. Nada fica maduro antes do tempo, e eu, jovem até então, acabo de amadurecer. Tendo agora a correção humana, minha vontade é liderada por minha razão, levando-me a ler em seus olhos as mais belas histórias do riquíssimo livro do amor.

HELENA   Por acaso nasci para ser humilhada? Que fiz eu para merecer tamanho escárnio? Já não é suficiente, meu jovem, eu nunca ter conseguido um olhar gentil de Demétrio e vem você esfregar na minha cara minha incompetência? Por Deus, você debocha da minha sorte fingindo me fazer a corte. Adeus, então. Pensava que fosse um senhor mais gentil. Ah, como pode uma moça rejeitada ainda ser abusada dessa maneira por outro cavalheiro!

[*Sai.*]

LISANDRO   Ela nem viu Hérmia! Que essa continue a dormir, e nunca mais se aproxime de mim! Pois, como o excesso de doces traz profundo enjoo ao estômago, ou como as heresias que os homens cometem são odiadas pelos enganados, de você também eu enjoei, também passei a odiá-la como a uma heresia. E, com todas as minhas forças, vou dedicar meu amor para honrar Helena e ser seu cavalheiro!

[*Sai.*]

HÉRMIA   [*Acordando assustada.*] Socorro, Lisandro, socorro! Salve-me dessa serpente que rasteja por meu peito! Ah, que horror! Que pesadelo terrível! Lisandro, veja como estremeço de medo. Sonhei que uma serpente comia meu coração, enquanto você sorria de ver-me como presa. Lisandro! O quê, ele sumiu? Lisandro! Meu senhor! Não está me ouvindo? Foi embora? Não ouço nada, nem uma palavra. Olá, onde está você?

Diga algo se está ouvindo. Fale, meu amor!
Quase desmaio de medo. Nada?
Então não deve estar por perto.
Vou buscá-lo até a morte.

[*Sai.*]

ATO III

CENA I.
NA FLORESTA.
A RAINHA DAS FADAS CONTINUA DORMINDO.

[Entram Bobina, Quina, Bicudo, Fominha, Justinho e Sanfona.]

BOBINA Já estamos todos aqui?

QUINA Todos, todos. E este é um lugar muito conveniente para nosso ensaio. Esse gramado será nosso palco e esse arbusto de espinhos, a nossa coxia. Vamos poder fazer tudo com emoção, como faremos diante do duque.

BOBINA Pedro Quina?

QUINA O que quer, grande Bobina?

BOBINA Tem certas coisas nessa comédia de Píramo e Tisbe que nunca vão agradar ninguém. Primeiro, Píramo tem que puxar da espada para se matar, algo de que nenhuma dama gosta. O que me diz disso?

BICUDO É verdade, vão morrer de medo.

FOMINHA Acredito que devemos deixar as mortes de fora, afinal.

BOBINA Nem pensar. Tenho um truque para fazer tudo dar certo. Escrevam um prólogo, dizendo que não vamos fazer mal a ninguém com nossas espadas e que Píramo não será morto de verdade. E para ter mais uma garantia, vamos dizer que eu, Píramo, não sou Píramo, e sim Bobina, o tecelão.
Assim não terão medo.

QUINA — Muito bem, vamos escrever esse prólogo então. Devemos escrevê-lo em oito e seis versos.

BOBINA — Não, ponha mais dois aí. Que fique tudo igual, oito e oito.

BICUDO — Será que as damas não vão ficar com medo do Leão?

FOMINHA — Temo que sim, palavra de honra.

BOBINA — Caros Mestres, vocês precisam refletir com atenção. Trazer um leão — que Deus nos proteja! — para perto das senhoras é algo terrível, pois não há nada mais apavorante do que um leão vivo. Temos de ficar de olho nele.

BICUDO — Então um outro prólogo deve dizer que ele não é um leão de verdade.

BOBINA — Não, devemos dizer seu nome, e metade do rosto dele deve ser visto através do pescoço do leão. E ele mesmo vai ter de falar algo do tipo "Madames" ou "Belas damas, gostaria que vocês..." ou "Gostaria de lhes pedir..." ou "Imploro que não tenham medo, que não estremeçam: dou-lhes minha vida pela de vocês. Se vocês acham que sou um leão de verdade, minha vida não vale de nada. Não, sou um homem como qualquer outro". E então ele fala seu nome, dizendo com todas as letras que se chama Justinho, o marceneiro.

QUINA — Muito bem, assim será. Mas há duas coisas muito difíceis a fazer: primeiro, trazer o luar para dentro de uma sala, pois todos sabem que Píramo e Tisbe se encontravam sob a luz da lua.

BICUDO — E a Lua vai brilhar na noite em que vamos apresentar nossa peça?

BOBINA   Um calendário, um calendário! Procurem no almanaque, achem o luar! Achem o luar!

QUINA   Sim, a Lua deve brilhar nessa noite.

BOBINA   Ora, então basta deixar uma janela do grande salão em que nossa peça acontecerá aberta, e a Lua poderá entrar pela janela.

QUINA   Sim! Ou então alguém pode entrar com um arbusto de espinhos e um lampião, dizendo que está representando a pessoa que mora na lua. Porém há outra coisa: devemos ter um muro no meio do palco, porque a história diz que eles conversavam por uma brecha em um muro.

BICUDO   Ah, mas é impossível levar um muro para dentro do salão. O que me diz, Bobina?

BOBINA   Um sujeito qualquer pode representar o muro. É só empastá-lo com um pouco de gesso, ou argila, ou um tanto de argamassa, para parecer com um muro, e ele fica com os dedos abertos assim, para parecer a rachadura por onde Píramo e Tisbe cochicham.

QUINA   Ah, se der certo, vai ficar tudo bem. Bom, agora, seus filhos da mãe, sentem-se para ensaiar o papel de vocês. Píramo, você começa — depois que disser sua fala, vá para trás daquele matagal. E todos começam quando ouvirem as deixas dele.

[*Entra Puck ao fundo.*]

PUCK   O que fazem esses maltrapilhos desfilando por aqui, tão perto do leito da fada-rainha? O quê, uma peça? Vou ficar ouvindo. Se achar que vale a pena, viro ator.

QUINA   Fale, Píramo... Tisbe, venha para a frente.

Píramo	Tisbe, tão doces as flores cheias de dores...
Quina	Odores, odores!
Píramo	...cheias de odores, como o hálito seu, minha querida Tisbe. Mas ouço um ruído! Aguarde aqui um instante, e já, já, reapareço.

[*Sai.*]

Puck	Nunca vi um Píramo tão estranho!

[*Sai.*]

Tisbe	E agora, falo eu?
Quina	Sim, é você quem fala. Mas tem de entender que ele saiu para checar um barulho que ouviu e volta já.
Tisbe	*Radiantíssimo Píramo, do tom do lírio, da cor da rosa vermelha no arbusto de urze, tão jovial quanto o mais adorável judeu. Tão fiel quanto o mais nobre corcel, nunca há de cansar. Vou encontrá-lo, Píramo, na tumba da Nina...*
Quina	Tumba de Ninus[6], homem! Ora, mas você não pode dizer isso ainda. Essa é a resposta que você vai dar a Píramo. Você está dizendo todas as suas falas de uma vez só, as deixas e tudo o mais.... Píramo, entre! Sua deixa já foi, é "nunca há de cansar".
Tisbe	...*quanto o mais nobre corcel, nunca há de cansar.*

[*Entra Puck, acompanhado de Bobina com uma cabeça de burro.*]

---

6 Ninus, na mitologia grega, foi rei da Assíria e fundador da cidade de Nínive. (N. do T.)

PÍRAMO   Se eu fosse belo, Tisbe, seria apenas seu...

QUINA   Ah, que monstro! Que horror! É uma assombração. Rezem, meus Mestres, fujam! Socorro!

[*Saem Quina, Justinho, Sanfona, Bicudo e Fominha.*]

PUCK   Vou segui-los. Vou dançar com vocês...

Por brejo, bosque, matagal ou urze.
Posso me transformar em cavalo, em corcel.
Ou javali, urso sem cabeça ou mesmo fogo.
E posso relinchar, latir, grunhir, urrar e queimar.
Em cavalo, cão, javali, urso, fogo, vou mudando.

[*Sai.*]

BOBINA   Por que eles fugiram? Isso é uma artimanha para me assustar.

[*Entra Bicudo.*]

BICUDO   Bobina, como você está diferente! O que é isso que estou vendo em você?

BOBINA   O que está vendo? Só pode estar vendo a sua cabeça de burro.

[*Sai Bicudo. Entra Quina.*]

QUINA   Deus o abençoe, Bobina! Você está todo mudado!

[*Sai.*]

BOBINA   Já entendi sua artimanha: estão tentando me fazer de burro, para me assustar. Mas vou ficar aqui mesmo, não importa o que eles façam. Vou andar de um lado para o outro e cantar, assim eles vão ver que não estou com medo.

[*Canta.*]

O melro, tão preto,
Tem o bico todo alaranjado,
O tordo canta tão bem
E o pintassilgo, todo empenado.

TITÂNIA   [*Acordando.*] Que anjo me desperta neste leito florido?

BOBINA   [*Cantando.*]

O cardeal, o pardal e a cotovia
E o cuco tão cinzento e desafinado,
Com quem todo mundo emburra,
E responde atravessado.

Sério, agora, quem se meteria com um pássaro tão tolo? Quem pode dizer se ele mente ou diz a verdade?

TITÂNIA   Gentil mortal, cante de novo, eu lhe imploro. Meus ouvidos estão enamorados de seu canto. E meu olhar está maravilhado com sua figura. Suas virtudes me emocionam de tal forma que, à primeira vista, posso jurar que te amo.

BOBINA   Acho, minha senhora, que não há razão para tanto. Ainda assim, para ser sincero, ultimamente a razão e o amor não costumam andar juntos. É uma pena que algum conhecido não os obrigue a serem amigos. Ora, ora, não é que de vez em quando minhas piadinhas não estão cobertas de ironia?

TITÂNIA Você é tão sábio quanto belo.

BOBINA Não é para tanto. Se eu fosse sábio o bastante para sair desta floresta, já teria sabedoria suficiente para me dar bem.

TITÂNIA Não deseje sair deste bosque. Você deve ficar aqui, queira ou não. Não sou um espírito qualquer. O verão ainda está sob meu domínio e, como eu te amo, venha comigo. Vou lhe dar fadas para servi-lo, e elas irão buscar joias no fundo do mar para você. E cantarão enquanto você dorme em um leito de flores. E vou purificar seu corpo mortal, para que seja capaz de cruzar os ares como os espíritos... Ervilha-de-Cheiro! Teia de Aranha! Mariposa! Semente de Mostarda!

[*Entram as quatro fadas.*]

ERVILHA Pronto!

TEIA DE
ARANHA Aqui!

MARIPOSA Aqui!

SEMENTE DE
MOSTARDA Aqui!

TODOS Para onde vamos?

TITÂNIA Sejam gentis com este cavalheiro. Saltem diante dele enquanto anda e dancem para diverti-lo. Deem-lhe

47

damascos e framboesas, uvas, figos e amoras.
Vão roubar o mel das abelhas e a cera, para fazer
tochas à noite. E as acendam com a luz dos vaga-
lumes, para meu amor poder se deitar e levantar.
E arranquem as asas das borboletas para encobrir
o luar de seus olhos. E, elfos, tudo com muitas
reverências e mesuras.

ERVILHA Salve, mortal!

TEIA DE
ARANHA Salve!

MARIPOSA Salve!

SEMENTE DE
MOSTARDA Salve!

BOBINA Muito obrigado a Suas Veneráveis, de todo o coração. Qual é o nome de Sua Venerável?

TEIA DE
ARANHA Teia de Aranha.

BOBINA Vou querer saber mais de sua companhia, grande Mestre Teia de Aranha. Quando eu cortar meu dedo, devo aproveitar de seus dotes. E o seu nome, honrado cavalheiro?

ERVILHA Ervilha-de-Cheiro.

BOBINA Peço que me recomende à Senhora Vagem, sua mãe, e ao Senhor Feijão, seu pai. Grande Mestre Ervilha-de-Cheiro, também vou querer saber mais de sua companhia. E o seu nome, meu senhor?

SEMENTE DE
MOSTARDA Semente de Mostarda.

BOBINA   Grande Mestre Semente de Mostarda, já sei de sua
                    fama de paciente. E sei que bois e vacas gigantes
                    e covardes têm devorado muitos cavalheiros de
                    sua família. Juro que muitos de seus pares me
                    levaram às lágrimas. E também vou desejar saber
                    mais de sua companhia, meu grande Mestre
                    Semente de Mostarda.

TITÂNIA   Vamos, agora. Levem-no até meus aposentos. A lua,
                    pelo que vejo, está para chorar. E, quando chora,
                    rega todas as flores, lamentando a castidade violada.
                    Levem-no com a língua atada, em silêncio.

                    [*Saem.*]

CENA II.
OUTRA PARTE DA FLORESTA.

                    [*Entra Oberon.*]

OBERON   Gostaria de saber se Titânia acordou, e o que
                    atraiu primeiro seu olhar, tornando-se seu anormal
                    objeto de paixão.

                    [*Entra Puck.*]

                    Eis aí meu mensageiro. O que houve,
                    espírito amalucado? O que trouxe a noite a
                    esse bosque assombrado?

PUCK   Minha rainha está apaixonada por um monstro.
                    Próximo a seus aposentos, no momento em que

se retirou para cochilar, uma malta de rudes esfarrapados, que ganham o pão nas barracas de Atenas, estavam reunidos para ensaiar uma peça para as núpcias do grande Teseu. O mais ignorante dessa laia, que tinha o papel de Píramo na história, saiu de cena e entrou em um matagal. Aproveitando-me desse momento, coloquei um focinho de burro na cabeça dele. E, como ele devia responder à sua Tisbe, logo voltou. Quando os outros o viram, agiram como gansos selvagens, como um bando de gralhas alvoroçadas — que saem voando e grasnando ao som de um tiro. À sua vista, todos fugiram, gritando — e ainda fiz um ou outro tropeçar. Ele, por sua vez, grita "Assassinato", e pede ajuda a Atenas. Com os sentidos em frangalhos, sentiram-se completamente ameaçados. Agarraram suas coisas dos galhos e espinhos, e tudo que havia pegaram. Afugentei todo o grupo apavorado e deixei lá o doce Píramo transformado. Foi nesse momento que Titânia despertou e, imediatamente, pelo burro se apaixonou.

OBERON Tudo saiu melhor do que eu esperava. Mas você já colocou o néctar que lhe dei nos olhos do ateniense, como havia pedido?

PUCK Encontrei-o dormindo e executei logo a tarefa. A moça estava ao lado dele. Quando acordou, certamente a viu.

[*Entram Demétrio e Hérmia.*]

OBERON Fique aqui. Lá vem o ateniense.

PUCK É essa a moça, mas não o homem.

DEMÉTRIO Ah, por que renega aquele que te ama tanto? Reserve tais esforços para o inimigo.

HÉRMIA Por enquanto, apenas estou ralhando, mas posso fazer pior. Pois temo que você ainda vai me dar mais motivos para ofensas. Se assassinou Lisandro enquanto dormia, se o deixou todo ensanguentado, já nas profundezas da morte, mate-me também. O sol nunca foi tão fiel ao dia quanto ele a mim. Seria ele capaz de fugir de mim enquanto eu dormia? Seria mais certo a Terra ser atravessada pela Lua, para que ela brilhasse do outro lado, com seu irmão sol. Nada além do seu assassínio é possível. É assim que um homicida se parece, tão mortífero, tão deprimente.

DEMÉTRIO Também o assassinado se pareceria assim. Sua dura crueldade me atravessou o coração. E, no entanto, você, a verdadeira assassina, parece tão bela e luminosa quanto a Vênus em sua abóbada deslumbrante.

HÉRMIA O que isso tem a ver com meu Lisandro? Onde está ele? Ah, meu bom Demétrio, não pode entregá-lo a mim?

DEMÉTRIO Prefiro alimentar meus cães com sua carcaça.

HÉRMIA Vá embora, seu cachorro! Vá, cão imundo! Você ultrapassou todos os limites da paciência de uma donzela. Por certo já o matou, então? É provável que já não esteja entre os mortais. Diga-me a verdade, nada além da verdade, se quer me conquistar! Seria capaz de enfrentá-lo se estivesse acordado ou preferiria matá-lo dormindo? Mas que mostra de coragem! Será que uma cobra, uma serpente, faria o mesmo? Mas foi realmente uma serpente que o picou, pois com sua língua bifurcada você o feriu.

Demétrio	Você usa da paixão nos casos errados. Não sou culpado da morte de Lisandro. Sequer sei se está morto.
Hérmia	Então lhe imploro que me diga que ele vive.
Demétrio	Se o pudesse, o que teria em troca?
Hérmia	O privilégio de nunca mais me ver. Odeio você, e de sua odiosa presença vou sumir — esteja ele morto ou não, hei de fugir.

[*Sai.*]

Demétrio	Não adianta segui-la com essa raiva toda. Por isso vou ficar aqui por mais um tempo. O peso da tristeza cresce porque o sono, na dor, fica devendo. Vou tentar acertar essa dívida, deitando-me aqui por um momento.

[*Deita-se.*]

Oberon	O que você fez? Deu tudo errado, você pingou o néctar em algum apaixonado. E seu erro não vai resultar em amor, e sim em confusão.
Puck	Foi obra do destino, que fez um homem honesto quebrar suas juras.
Oberon	Vá pela floresta mais rápido do que o vento e encontre Helena de Atenas. Ela anda adoentada, pálida e suspirando, marcas do amor, que turva o sangue fresco. Faça algum encanto para trazê-la aqui, enquanto faço uma magia para ele.
Puck	Vou, vou. Mais rápido do que os arqueiros tártaros.

[*Sai.*]

OBERON [*Pingando o néctar nos olhos de Demétrio.*]

Flor de púrpura tinta,
Pela flecha de Cupido ferida,
No fundo do olho mergulhe.
Quando seu amor figurar,
Faça-a como a vida brilhar,
Como a Vênus do firmamento...
Quando acordar, para ela vai pedir
Remédio e guarida.

[*Entra Puck.*]

PUCK Capitão de nossas fadas, Helena já está aqui. E, com ela, o rapaz por minha culpa apaixonado. Vamos ver o que ainda vão aprontar? Senhor, como são tolos esses mortais!

OBERON Fique aí. O barulho que hão de causar fará Demétrio acordar.

PUCK Ambos cortejando uma só dá um belo jogo. E quando tudo dá errado, divirto-me ainda mais.

[*Entram Lisandro e Helena.*]

LISANDRO Por que haveria de zombar de você com minha corte? Desprezo e escárnio nunca são acompanhados de lágrimas. Veja como choro: os votos nascidos do pranto são mostra de autenticidade. Como pode pensar que as coisas que faço sejam zombaria, se estão revestidas pelo manto da fé, testemunha da verdade?

HELENA	Suas mentiras progridem cada vez mais. Quando a verdade mata a verdade, que inferno devemos temer? Seus votos são de Hérmia, já se esqueceu dela? Quando se faz jura após jura, nenhuma delas tem valor. Os votos que me oferece, com os que a ela ofereceu, nada pesam. São tão leves quanto contos da carochinha.
LISANDRO	Não estava em mim quando fiz votos a Hérmia.
HELENA	Continua fora de si, traindo-a assim.
LISANDRO	Demétrio ama Hérmia, e não você.
DEMÉTRIO	[*Despertando.*] Ó, Helena, deusa, ninfa, perfeita, divina! A quê, meu amor, hei de seus olhos comparar? O cristal é opaco. Como seus lábios são bem-feitos, cerejas prontas a beijar! A brancura do pico da mais alta montanha é escura como um corvo comparada com suas mãos. Ah, deixe-me beijar essa alva princesa, para selar meu êxtase!
HELENA	Mas que inferno! Vejo que agora ambos estão decididos a se divertir à minha custa. Se tivessem um pouco de educação e cortesia, não me causariam tanto mal. Por que não lhes basta me odiar — pois sei que o fazem — ainda é preciso caçoar de mim? Se fossem realmente homens, não tratariam assim uma gentil dama. Fazer votos, jurar e me elogiar, mesmo me odiando de todo o coração... Os dois são rivais e amam Hérmia. E agora rivalizam para zombar de Helena. Que bela façanha para dois homens, fazer chorar uma pobre donzela com suas gozações! Não há nobreza alguma em ofender uma virgem e se divertir ao ver sua alma perder toda a serenidade.

LISANDRO   Você está sendo cruel, Demétrio, pois sabe que sei
           que ama Hérmia. E nesse instante, com todo meu
           coração e minha vontade, do amor por Hérmia lhe
           dou minha parte, se o de Helena você me doar. Pois
           hei de amá-la até morrer.

HELENA   Nunca vi duas pessoas perderem tanto
           fôlego com chacotas.

DEMÉTRIO   Lisandro, fique com sua Hérmia, não quero mais
           nada com ela. Se já a amei, agora nem me lembro
           mais o porquê. Meu coração com ela só perdeu
           tempo. É em Helena que ele encontrou seu lar,
           e lá há de ficar.

LISANDRO   Helena, isso não é verdade.

DEMÉTRIO   Não se meta com a fidelidade, pois não a conhece.
           E, ao fazê-lo, corre risco de vida. Veja, aí vem seu
           amor, sua querida.

[*Entra Hérmia.*]

HÉRMIA   Ó, noite escura, que tira dos olhos sua força,
           emprestando-a aos ouvidos — se o olho
           se vê prejudicado, o ouvido é duplamente
           compensado. Lisandro, não pude encontrá-lo
           com o olhar, mas dou graças aos meus ouvidos
           por me guiarem até sua voz. Por que me
           abandonou com tanta crueldade?

LISANDRO   Por que ficaria eu se o amor me apressava a partir?

HÉRMIA   Que amor poderia tirá-lo do meu lado?

LISANDRO   O amor de Lisandro, que não o deixaria aguardar a
           bela Helena, que ilumina a noite ainda mais do que
           os astros e fogos com que ela nasceu. Por que está

me procurando? Não percebe que foi o ódio que me fez deixá-la sozinha?

HÉRMIA Você não está falando o que pensa. Não é possível.

HELENA Vejam só, ela também toma parte dessa trama! Agora entendo que os três se uniram para se divertir à minha custa. Ultrajante Hérmia, que donzela mais ingrata! Você conspirou, planejou com eles tudo isso para me atormentar com esse deboche? Será que tudo o que partilhamos, nossos votos de irmãs, as horas que passamos juntas, chorando quando nos separávamos... Ah, está tudo esquecido? Nossa amizade de escola, nossa inocência infantil? Nós, Hérmia, como duas deusas de mentira, criamos uma única flor com nosso bordado, a partir de um mesmo molde, sobre a mesma tela. Cantamos em uníssono a mesma canção, como se nossas mãos, nossa anca, voz e mente se entrelaçassem. Assim crescemos juntas, como frutas gêmeas, mesmo que separadas — e unidas pelo que nos separava. Duas cerejas de uma mesma haste, dois corpos e um só coração — dois brasões em um mesmo escudo, unidos por uma só coroa. E você vai destruir esse nosso amor antigo, juntando-se a esses dois só para humilhar sua pobre amiga? Não é coisa que se faça a uma colega, não é típico de uma donzela. Nosso sexo se envergonha de tudo isso — e eu também, mesmo que seja apenas eu quem sofra.

HÉRMIA Estou espantada de ouvir suas iradas palavras. Se há zombaria, certamente vem de sua parte.

HELENA Não foi você quem mandou Lisandro me seguir e caçoar de mim, elogiando meus olhos e meu rosto? E ainda fez seu outro amor, Demétrio, que há pouco me tratava a pontapés, chamar-me de deusa, ninfa, divina e rara, preciosa e celestial? Por que ele falaria assim com quem odeia? E por que Lisandro renega seu amor, antes tão caro à sua alma, para me oferecer sua afeição, se não tivesse sido você quem o consentira, ordenara? Que lhe importa que eu não seja tão abençoada quanto você, tão coberta de amor, tão afortunada, que eu ame sem ser amada? Deveria inspirar pena, e não desprezo.

HÉRMIA Não sei o que quer dizer com tudo isso.

HELENA Isso, continuem a fingir com essas caras de tristes para depois rir nas minhas costas. Pisquem uns para os outros, continuem com a brincadeira, mantenham o jogo, para mais tarde contar toda a história. Se tivessem o mínimo de piedade, compaixão, ou mesmo modos, não fariam isso comigo. Pois adeus, sei que é parte minha culpa, mas minha ausência — ou a morte — há de acabar com tudo.

LISANDRO Fique, doce Helena! Escute minhas súplicas. Meu amor, minha vida, minha alma, ó, bela Helena!

HELENA Excelente!

HÉRMIA Meu amor, não faça pouco dela.

DEMÉTRIO Ela está pedindo, mas eu vou ordenar.

LISANDRO Não vou atender nem ao pedido, nem à ordem. Suas ameaças não têm mais poder do que os parcos pedidos dela. Helena, eu te amo, juro por minha vida, arriscarei qualquer coisa para provar que quem nega meu amor por você está mentindo.

DEMÉTRIO	Estou lhe dizendo que te amo mais do que ele.
LISANDRO	Se está dizendo, desembainhe a espada e prove.
DEMÉTRIO	Pode vir!
HÉRMIA	Lisandro, o que está fazendo?
LISANDRO	Saia daqui, sua etíope!
DEMÉTRIO	Não, não. Parece que vai atacar, diz que vai atacar, mas não faz nada. Anda logo, seu covarde!
LISANDRO	Saia daqui, sua gatuna, sua erva daninha! Ou a arranco de perto de mim como uma serpente.
HÉRMIA	Por que se mostra tão grosseiro? O que mudou, meu amor?
LISANDRO	Seu amor? Fora daqui, sua suja! Fora, remédio ruim, poção odiosa, fora!
HÉRMIA	Não está brincando?
HELENA	Certamente que sim, assim como você.
LISANDRO	Demétrio, dou-lhe minha palavra.
DEMÉTRIO	Prefiro um contrato por escrito, pois não confio em sua palavra.
LISANDRO	Quer que eu a machuque, que a esbofeteie, que a mate? Mesmo te odiando, não posso fazê-lo.
HÉRMIA	Ora, e existe mal maior do que o ódio? Você me odeia? Por quê? Ai de mim! O que mudou, meu amor? Não sou a mesma Hérmia? Você não é Lisandro? Sou tão bela agora quanto era antes. Ontem à noite, você me amava. Por que, então, abandonou-me — ah, que Deus não permita... Tudo isso é sério?

LISANDRO   Sim, por minha vida. E não quero vê-la nunca mais. Perca as esperanças, não tenha mais dúvidas. Pode estar certa de que não estou brincando — a verdade é que odeio você e amo Helena.

HÉRMIA   Ai de mim!

[*A Helena.*]

Sua farsante! Seu tumor! Ladra de amores! Por acaso veio sorrateira, à noite, roubar o coração do meu amor?

HELENA   Palavra de honra! Você não tem vergonha, não tem pudor, nem um traço de decência? Agora vai provocar minhas doces palavras à espera de que lhe responda grosseiramente? Fora, fora, seu arremedo de gente, seu duende!

HÉRMIA   Duende? Mas por quê? Ah, é assim que vai jogar! Já percebi que está se referindo à nossa altura. Pois então, certamente, usou seu tamanho, seu porte, sua altura para conquistá-lo. E ele começou a amá-la tanto só porque sou tão baixa quanto um duende? Sou tão baixa assim, seu varapau pintado? Diga logo! Sou baixa, sim, mas não tanto que minhas unhas não alcancem seus olhos.

HELENA   Por favor, por mais que estejam zombando de mim, não deixem que ela me machuque. Nunca fui má, não tenho talento para brigas. Tenho a covardia de uma donzela. Não deixem que ela me bata. Talvez acreditem que, por ser baixinha, eu posso com ela.

HÉRMIA   "Baixinha!" Ouviram?

HELENA   Minha boa Hérmia, não fique tão brava comigo. Amei-a por toda a minha vida. Sempre guardei

seus segredos, nunca lhe fiz nada de mal — a não
ser quando, apaixonada por Demétrio, contei-lhe
sobre a fuga dele para a floresta. Ele a seguiu, e eu,
por amor, fui atrás dele. Por isso ele me destratou,
ameaçou me bater e até me matar. Se, agora, você
me deixar ir embora, levo minha loucura de volta
a Atenas, e não a seguirei mais. Deixe-me ir, verá
como sou dócil e meiga.

Hérmia Ora, pode ir. Quem a está impedindo?

Helena Meu tolo coração, que deixo aqui.

Hérmia Deixa, é? Com Lisandro?

Helena Com Demétrio.

Lisandro Não tenha medo, ela não vai machucá-la, Helena.

Demétrio Não, meu senhor, não mesmo. Nem que a ajude.

Helena Ela, quando se zanga, fica uma fera. Era uma
megera nos tempos de escola. E, mesmo
pequena, vira um bicho.

Hérmia Pequena? Não tem outros nomes além de pequena
e baixinha? Como podem deixar que ela me ofenda
assim? Deixem-me acabar com ela.

Lisandro Vá embora, duende. Coisinha ínfima, feita de
erva-de-bicho, pelota, caroço!

Demétrio Você está se esforçando muito para defender
quem o despreza. Deixe-a em paz! Não fale
de Helena, não a defenda, pois se pretende lhe
mostrar qualquer sinal de amor, vai pagar caro.

Lisandro Agora, ela não vai me segurar. Pode me seguir, se
ousar, para sabermos quem — você ou eu — tem
mais direito a Helena.

DEMÉTRIO   Segui-lo? Não, vamos juntos, lado a lado.

[*Saem Lisandro e Demétrio.*]

HÉRMIA   Você, senhorita, é a culpada disso tudo. Não vai fugir, não.

HELENA   Não confio em você, nem quero estar em sua maldita companhia. Suas mãos são mais rápidas do que as minhas, mas minhas pernas são mais longas, melhores para correr.

[*Sai.*]

HÉRMIA   Estou perplexa. Nem sei o que dizer.

[*Sai atrás de Helena.*]

OBERON   Isso tudo é negligência sua. Tudo culpa do seu erro. Ou fez mais uma de suas patifarias, de propósito?

PUCK   Acredite-me, rei das sombras, foi um engano. Não me disse para procurar um homem que portasse roupas atenienses? Para provar que não tive culpa, foi nos olhos de um ateniense que o néctar pinguei; mas até que gostei do que se sucedeu, pois me diverti muito com toda essa confusão.

OBERON   Você viu que os dois vão querer brigar. Por isso, Robin, escureça a noite, cubra a luz das estrelas com uma neblina e torne o céu tão negro quanto o Aqueronte[7], fazendo com que os dois rivais fiquem tão perdidos que não possam se encontrar.

---

7   Um dos cinco rios mitológicos do submundo, na mitologia grega. (N. do T.)

Use sua voz como a de Lisandro para Demétrio provocar. De outra vez, fale como Demétrio e confunda tanto um como o outro, até que os olhos deles caiam em um sono pesado como a morte, como se presos por enormes pernas e asas de morcego. Então macere esta erva nos olhos de Lisandro, cujos efeitos apagam os erros do presente, fazendo-o ver o que via no passado. Quando ambos acordarem, toda essa loucura parecerá um sonho, uma malograda ilusão. E para Atenas vão todos voltar, com o compromisso de eterna amizade. Enquanto você acerta tudo, vou à rainha, pedir-lhe o menino indiano. E, então, vou livrá-la do encanto à visão do monstro, e a paz voltará a reinar.

PUCK   Meu senhor, tudo deve ser feito com pressa, pois os ágeis dragões da noite já começam a afastar as nuvens e, lá longe, a aurora já começa a brilhar, obrigando os espíritos andarilhos a voltar às suas moradas. Os espíritos condenados, que nas encruzilhadas e nos leitos dos rios foram enterrados, já voltaram a seus leitos cheios de vermes, por medo de que o dia mostre sua vergonha ao mundo. De boa vontade, abandonam a luz para viver nas trevas noturnas.

OBERON Mas nós somos outro tipo de espírito: brincamos com os amores matinais e, como um vigia das florestas, passeamos pelos bosques até que os portões do leste, em chamas, lançam sobre Netuno seus raios, transformando suas salgadas águas esverdeadas em vagas douradas. Ainda assim, não vamos demorar. Devemos acabar tudo antes que o dia nasça.

[*Sai Oberon.*]

PUCK   *Pra lá, pra cá, pra lá, pra cá,*
Vou levá-los pra lá e pra cá.
Sou temido aqui e acolá,
Duende, leve-os pra lá e pra cá.
Aí vem um.

[*Entra Lisandro.*]

LISANDRO   Onde está você, orgulhoso Demétrio? Fale agora.

PUCK   Aqui, vilão, armado e pronto. Onde está você?

LISANDRO   Já vou pegá-lo.

PUCK   Siga-me até a pradaria.

[*Sai Lisandro, seguindo a voz de Puck. Entra Demétrio.*]

DEMÉTRIO   Lisandro, fale de novo. Seu fujão, covarde, para onde foi? Diga. Está em algum arbusto? Onde escondeu sua cabeça?

PUCK   Covarde é você, que só sabe gritar com as estrelas, dizendo ao mato que está pronto para a guerra, e nada de aparecer. Venha, covarde, venha, criançaão! Vou açoitá-lo com um bastão. Seria covardia usar a espada contra você.

DEMÉTRIO   Onde está você?

PUCK   Siga minha voz. Vamos descobrir quem é homem de verdade.

[*Saem ambos. Entra Lisandro.*]

LISANDRO   Ele vem atrás de mim e depois se acovarda. Quando vou até onde estava, já desapareceu. O vilão é mais ligeiro do que eu — segui-o correndo, mas fugiu com mais rapidez. Estou entrando em um caminho muito escuro e vou descansar por aqui mesmo.

[*Deita-se.*]

Venha, doce dia! Pois basta que me mostre sua luz e encontrarei Demétrio, dando cabo de seu despeito.

[*Lisandro dorme. Entram Puck e Demétrio.*]

PUCK   Ei, ei, ei! Seu covarde, não vai aparecer?

DEMÉTRIO   Continue, se tem coragem. Parece estar correndo para tudo quanto é canto, pois não ousa me enfrentar. Onde está você?

PUCK   Venha mais perto. Estou aqui.

DEMÉTRIO   Não, está brincando comigo. Mas vai pagar caro se eu encontrar seu rosto à luz do dia. Pois vá embora. A fraqueza começa a me forçar a me estender neste leito gelado. Ao chegar do dia, vou atrás de você.

[*Deita-se e dorme. Entra Helena.*]

HELENA   Ó, noite cansativa, noite longa e tediosa, cesse de existir! Brilhe, dia amigo, surja no leste, para que eu volte para Atenas com sua luz. Aqui todos detestam minha pobre companhia. Que o sono, que às vezes retira dos olhos o pesar, afaste de mim minha própria presença.

[*Deita-se e dorme.*]

PUCK Só três? Ainda falta um. Dois de dois tipos perfazem quatro. Lá vem ela, irritada e triste. O Cupido é um patife, deixando loucas essas pobres mulheres.

[*Entra Hérmia.*]

HÉRMIA Nunca tão triste, nunca tão cansada estive.
Molhada pelo orvalho e ferida pelos espinhos,
não consigo dar nem mais um passo.
Minhas pernas não andarão nem sob minhas
ordens. Vou descansar aqui até o amanhecer.
Que os céus protejam Lisandro,
se chegarem a lutar!

[*Deita-se e dorme.*]

PUCK *No chão calvo,*
São e salvo,
No seu olhar
Vou pingar.

Ó, doce amante, aí vem sua cura.

[*Pinga o néctar nos olhos de Lisandro.*]

Quando acordar,
Vai conquistar
O prazer
De rever
Sua amada do passado.

Como bem diz o ditado,
Cada um merece alguém do lado;
Ao acordarem, vão ver,
Maria encontra João,
E nada mais de confusão.
O homem sua fêmea terá,
E tudo, bem terminará.

[*Sai Puck.*]

ATTO IV

ATO IV

CENA I.
NA FLORESTA. LISANDRO, DEMÉTRIO, HELENA E HÉRMIA CONTINUAM DORMINDO.

[Entram Titânia e Bobina, Ervilha-de-Cheiro, Teia de Aranha, Mariposa, Semente de Mostarda e outras fadas.]
[Oberon entra ao fundo, sem ser visto.]

TITÂNIA	Venha, sente-se aqui nesse leito florido enquanto faço carinho em suas amáveis faces, prendo rosas em sua cabeça tão lisinha e beijo suas grandes orelhas, minha doce alegria.
BOBINA	Onde está o Ervilha-de-Cheiro?
ERVILHA	Aqui.
BOBINA	Coce minha cabeça, Ervilha-de-Cheiro. Onde está o Teia de Aranha?
TEIA DE ARANHA	Aqui.
BOBINA	Grande senhor Teia de Aranha, meu bom senhor, pegue suas armas, mate-me uma abelha de rabo vermelho que esteja pousada em alguma flor e me traga um bago de mel. Não faça muito alarido na hora, meu senhor, para que o bago não se quebre. Não gostaria de vê-lo todo sujo de mel. Onde está o senhor Semente de Mostarda?

SEMENTE DE MOSTARDA	Aqui.
BOBINA	Dê-me sua pata, senhor Semente de Mostarda. Por favor, sem cerimônias, meu bom senhor.
SEMENTE DE MOSTARDA	O que deseja?
BOBINA	Nada, meu bom senhor, basta ajudar o cavalheiro Teia de Aranha a coçar. Preciso ir ao barbeiro, pois me parece que de uma hora pra outra os pelos cresceram em minhas faces. Mas sou uma criatura tão delicada que os pelos me fazem cócegas, então preciso coçar.
TITÂNIA	Não quer ouvir um pouco de música, meu amor?
BOBINA	Tenho um ouvido até que bom para música. Vamos ouvir as pinças e os ossos.
TITÂNIA	Por favor, meu amor, diga-me o que quer comer.
BOBINA	Para ser sincero, um pouco de forragem. Poderia também mastigar uma aveia seca. Mas o que mais me apetece é um fardo de feno. Ah, bom feno, doce feno, nada é igual.
TITÂNIA	Tenho uma fada perfeita para tirar algumas nozes da reserva dos esquilos.
BOBINA	Prefiro um punhado ou dois de ervilhas secas. Mas, por favor, não deixe sua gente me incomodar. Estou com vontade de dormir um pouco.
TITÂNIA	Pode dormir, que eu vou niná-lo em meus braços. Fadas, vão embora, e fiquem bem longe. É assim que as madressilvas se abraçam, com suavidade. E a hera, tão feminina, enlaça os dedos cascudos do carvalho. Ah, como o amo! Como o adoro!

[*Eles dormem. Oberon avança. Entra Puck.*]

OBERON   Seja bem-vindo, meu bom Robin. Já viu cena mais bela? Começo a me apiedar de seu amor, pois acabo de vê-la na floresta em busca do carinho desse tolo odioso. Acabei a censurando e nos desentendemos, só porque tinha adornado essa cabeça peluda com uma coroa de flores frescas e perfumadas. E o orvalho, que às vezes pousa nas flores como pérolas do Oriente, parecia-se com lágrimas, demonstrando sua vergonha. Quando, por vontade própria, provoquei-a, ela, docemente, implorou-me paciência. Então, pedi-lhe o jovem pajem, que ela — sem hesitação — me deu no mesmo instante, enviando-o, com uma de suas criadas, aos meus aposentos no reino das fadas. Agora que tenho o menino, vou corrigir esse terrível defeito em seus olhos. E, doce Puck, arranque esse focinho da cabeça do pobre ateniense, para que ele e seus amigos possam voltar a Atenas assim que acordarem, lembrando-se dos feitos desta noite como apenas um sonho humilhante. Mas, antes, vou libertar a rainha das fadas.

[*Tocando seus olhos com um ramo.*]

Seja como sempre foi,
Veja como sempre viu.
Que a flor de Diana suplante a de Cupido,
E que sua força e poder a abençoem.

Agora acorde, minha Titânia, minha doce rainha.

TITÂNIA   Meu Oberon, que visões acabo de ter!
Pensei estar enamorada de um burro.

OBERON	Eis seu amor.
TITÂNIA	Como pode ter acontecido isso? Meus olhos agora ficam repugnados só de vê-lo!
OBERON	Espere um instante. Robin, tire essa cabeça dele. Titânia, ordene que façam uma música que mate os cinco sentidos dessa gente com mais poder do que o sono.
TITÂNIA	Que se faça música, tal qual uma canção de ninar.
PUCK	Quando agora acordar, que seja com seus próprios olhos de burro.
OBERON	Música, agora!

[*Uma melodia começa a soar.*]

Venha, minha rainha, dê-me sua mão, vamos estremecer o chão onde dorme essa gente. Agora, você e eu somos novamente amigos, e amanhã à noite dançaremos, solenes e triunfantes, na casa do duque Teseu, espalhando bênçãos e prosperidade. E, com Teseu, os pares de fiéis amantes se casarão.

PUCK	Rei das fadas, preste atenção. Ouço a cotovia da manhã.
OBERON	Então, minha rainha, o melhor a fazer é correr sob o manto da escuridão. Devemos cruzar o globo mais rapidamente do que o luar.
TITÂNIA	Venha, meu senhor. Em nossa escapada me contará como vim parar aqui — no chão, em meio aos mortais.

[*Saem de cena. Som de tropas nos bastidores. Entram Teseu, Hipólita, Egeu e seu séquito.*]

TESEU   Um de vocês, vá rápido procurar o couteiro[8], pois
             nosso ritual já se dá por encerrado. E como o dia está
             para começar, meu amor deve escutar a melodia de
             meus cães. Soltem logo a matilha no campo oeste.
             Apressem-se, já disse, achem o couteiro.

             [*Sai um dos criados.*]

             Enquanto isso, minha bela rainha, vamos ao alto da
             montanha ouvir a confusão sonora dos cães e dos
             ecos que os acompanham.

HIPÓLITA   Estive com Hércules e Cadmo[9] certa vez, para
             a caçada de um grande urso de Creta com cães
             espartanos. Jamais ouvira uivos tão bravios, que
             se faziam escutar além dos bosques, dos céus, das
             fontes, de toda a região. Jamais ouvira dissonância
             tão musical, estrondo tão doce.

TESEU   Meus cães também são de estirpe espartana,
             com os mesmos focinhos e cores. A cabeça deles
             porta as mesmas enormes orelhas e papadas
             iguais aos dos touros da Tessália. Vagarosos na
             caçada, mas se assemelham aos sinos na voz — tão
             bela melodia jamais se ouviu, vindo de voz ou
             trombeta, em Creta, Esparta ou Tessália. Julgue
             ao ouvi-los... Mas, alto lá, que ninfas são essas?

EGEU   Meu senhor, essa é minha filha, adormecida. E
             também Lisandro, Demétrio e Helena, filha do velho
             Nedar. Estou surpreso ao vê-los todos aqui juntos.

---

8 Chefe das caçadas, responsável por trazer os cães de caça ao campo. (N. do T.)
9 Heróis lendários gregos. O nome Hércules é o equivalente romano de
Héracles. (N. do T.)

TESEU   Sem dúvida acordaram cedo para participar dos
           festejos de maio e, ao saber de nossos planos, vieram
           nos ajudar com os preparativos. Mas me diga, Egeu,
           não é hoje que Hérmia lhe dará sua resposta?

EGEU   Sim, meu senhor.

TESEU   Então faça com que os caçadores soem as trombetas.

[*Gritos e toques de trompetes nos bastidores.*
Demétrio, Lisandro, Hérmia e Helena
acordam e se levantam assustados.]

           Bom dia, meus amigos. A festa de São Valentim já
           acabou. Só agora pensaram em acasalar?

LISANDRO   Perdão, meu senhor.

[*Todos se ajoelham diante de Teseu.*]

TESEU   Por favor, levantem-se. Sei que vocês dois
           são rivais. Como se deu então essa harmonia
           entre vocês, que apagou o ódio dos ciúmes e
           os fez dormir um ao lado do outro, sem medo
           de alguma hostilidade?

LISANDRO   Meu senhor, vou responder um pouco estupefato,
           meio dormindo, meio acordado. Até agora
           juro que não sei bem como cheguei até aqui.
           Mas, acredito — para falar a verdade — que
           tudo se passou assim: cheguei com Hérmia, e
           nossa intenção era fugir de Atenas, indo para
           algum lugar onde não corríamos o risco de nos
           sujeitar às suas leis.

EGEU   Basta, basta, meu senhor. Já disse o bastante!
           Que o peso da lei recaia sobre este homem.

	Eles teriam fugido, Demétrio, arruinando você e eu, tomando tanto sua esposa como minha autoridade, que permitira a você desposá-la.
DEMÉTRIO	Meu senhor, a bela Helena me relatou seus planos de fuga até esta floresta. Furioso, vim atrás dos dois, e Helena, por amor, seguiu-me. Mas, meu bom senhor, não sei por que poder — pois havia alguma espécie de poder em tudo isso — meu amor por Hérmia derreteu como a neve, e hoje me parece mera lembrança de alguma brincadeira espalhafatosa de que teria gostado quando criança. E toda a fé, toda a virtude que tenho em meu coração, o objeto e o prazer de meus olhos pertencem unicamente a Helena agora. Dela, meu senhor, estive noivo antes de ter visto Hérmia. Porém, como um doente, recusei esse alimento. E agora, com a saúde recuperada, meu gosto voltou e a quero de volta, pois a amo e desejo, e ao meu gosto para sempre serei fiel.
TESEU	Belos amantes, tiveram sorte em encontrar um ao outro. Falaremos disso em breve. Egeu, minha vontade prevalecerá, pois no templo, daqui a pouco, junto a nós, estes casais serão para sempre unidos. E, como a manhã já está quase para terminar, vamos deixar de lado a caçada e voltar todos para Atenas. Assim, três casais farão sua festa de uma só vez. Venha, Hipólita.

[*Saem Teseu, Hipólita, Egeu e seu séquito.*]

DEMÉTRIO	Tudo parece tão pequeno e indistinto, como os altos das montanhas em meio às nuvens.

HÉRMIA   Vejo só com meio olhar, já que tudo
          me parece dobrado.

HELENA   É como me parece também. E vejo Demétrio como
          uma joia que é minha e, ao mesmo tempo, não é.

DEMÉTRIO Vocês têm certeza de que estamos acordados?
          Sinto que ainda estamos dormindo e
          sonhando. O duque esteve realmente aqui e
          pediu que o seguíssemos?

HÉRMIA   Esteve, com o meu pai.

HELENA   E Hipólita.

LISANDRO E nos pediu para segui-lo até o templo.

DEMÉTRIO Ora, então estamos acordados. Vamos segui-los e, no
          caminho, relatar nossos sonhos.

          [*Saem.*]

BOBINA   [*Acordando.*] Quando for a minha deixa,
          podem me chamar e eu responderei. A próxima
          é "Belíssimo Píramo". Ei! Pedro Quina! Sanfona,
          o remendeiro de foles! Bicudo, o funileiro!
          Fominha! Por Deus! Todos fugiram e me
          deixaram aqui dormindo! Tive uma visão muito
          estranha, um sonho que foge à astúcia dos
          homens para ser classificado. Qualquer um seria
          tido por burro se saísse por aí relatando o que
          sonhei. Acho que estava... Ninguém é capaz de
          dizer o que aconteceu. Acho que eu era, que eu
          tinha... Mas qualquer um seria um tolo em se
          oferecer para dizer o que eu pensei ter. O olho
          do homem não ouviu, o ouvido do homem não
          viu, a mão do homem não provou, sua língua não
          concebeu nem seu coração relatou o que sonhei.

Vou pedir a Pedro Quina que escreva uma balada
com meu sonho. E ela será chamada "Sonho
do Bobina", porque não fará nenhum sentido.
Cantarei-a no fim da peça, diante do duque.
Quem sabe não tornará tudo mais gracioso se eu
cantar durante a morte de Tisbe.

[*Sai.*]

CENA II.
ATENAS. UMA SALA NA CASA DE QUINA.

[*Entram Quina, Sanfona, Bicudo e Fominha.*]

QUINA — Foram ver na casa do Bobina?
Ele já chegou ou não?

FOMINHA — Ninguém sabe dele. Com certeza
sofreu alguma emergência.

SANFONA — Se ele não aparecer, a peça está arruinada.
Não dá para continuar, não é?

QUINA — Impossível. Não há um só homem em Atenas
capaz de fazer o papel de Píramo como ele.

SANFONA — Não mesmo. Ele é simplesmente o mais sábio
dos artesãos de Atenas.

QUINA — Sim, e o melhor sujeito também.
Ele é o paramento das vozes suaves.

SANFONA — Você quis dizer paradigma. Paramento, que
Deus nos abençoe, é uma roupa de padre.

[*Entra Justinho.*]

JUSTINHO   Mestres, o duque está chegando do templo, e parece que teremos mais dois ou três nobres se casando. Se nossa peça tivesse ido em frente, nós teríamos nos dado bem.

SANFONA   Ah, grande Bobina! Fez com que perdêssemos seis moedas por dia para o resto de nossa vida. Ele não seria capaz de nos conseguir nem seis moedas por um só dia. Pois poderiam me matar se o duque não nos prometesse seis moedas diárias como pensão se visse sua representação de Píramo. E ele bem que merecia — um Píramo daqueles tinha que ganhar seis moedas diárias, ou nada.

[*Entra Bobina.*]

BOBINA   Onde estão esses rapazes?
Onde estão, meus amigos?

QUINA   Bobina! Que bravo dia! Que momento tão feliz!

BOBINA   Mestres, vou lhes contar maravilhas, mas não me perguntem nada, pois se eu contar realmente, deixaria de ser um verdadeiro ateniense. Ah, vou contar tudo, exatamente como aconteceu.

QUINA   Conte logo, velho Bobina.

BOBINA   Não ouvirão uma palavra de mim. Tudo que posso dizer é que o duque já jantou. Peguem seus trajes, cordões bem fortes para as barbas e laços novos para os sapatos. Corram imediatamente para o palácio, e cada um cuida de saber seu papel. Na verdade, nossa peça foi

aceita. De qualquer forma, Tisbe, cuide de ter
a roupa bem limpa; e não deixem que o Leão
apare suas unhas, já que elas têm que ficar bem
afiadas, como as garras de um leão de verdade.
E, meus queridíssimos atores, nada de comer
alho ou cebola, pois nosso hálito deve estar
agradabilíssimo: tenho certeza de que vamos
ouvi-los dizer que foi uma peça muito doce.
Chega de falar! Vamos embora!

[*Saem de cena.*]

ATO V

CENA I.
ATENAS. UM APOSENTO DO PALÁCIO DE TESEU.

[*Entram Teseu, Hipólita, Filostrato, lordes e criados.*]

HIPÓLITA   É tão estranho, meu Teseu, o que esses amantes relatam.

TESEU   Mais estranho do que verdadeiro. Nunca pude acreditar nessas fábulas antigas, nesses contos de fadas. Amantes e loucos têm mentes que fervem, imaginações tão criativas, abarcando mais do que a razão pura é capaz de compreender. O lunático, o amante e o poeta são pura invencionice, veem mais demônios do que o inferno pode abarcar. Assim como o louco, o apaixonado, completamente desvairado, vê a beleza de Helena no rosto de uma cigana. O olho do poeta, revirando freneticamente, olha dos céus à Terra e da Terra aos céus. E, enquanto a sua pena concebe formas desconhecidas, ele dá ao nada morada e nome. Esses são os truques de uma forte imaginação. Aquele que imagina a felicidade traz em si mesmo parte dela. Como, à noite, aquele que imagina ter medo facilmente confundirá um arbusto com um urso.

HIPÓLITA   Mas tudo que contaram dessa longa noite e as mudanças por que passaram a mente deles são testemunho de algo mais do que simples imaginação, pois mostra algo um pouco mais constante e, ainda assim, estranho e admirável.

[*Entram os amantes: Lisandro, Demétrio, Hérmia e Helena.*]

TESEU   Eis aqui os amantes, plenos de alegria e contentamento. Meus doces amigos, que dias de felicidade e amor conduzam o coração de vocês.

LISANDRO Que nossos dias se espelhem em seus caminhos reais, sua mesa e seu leito!

TESEU   Venham todos! Que espécie de danças e bailes teremos para passar as longas horas entre a nossa ceia e o momento de se deitar? Onde está nosso Mestre de cerimônias? Que festividades nos preparou? Há alguma peça para aliviar a angústia da espera? Chamem Filostrato.

FILOSTRATO Aqui, poderoso Teseu.

TESEU   Diga-nos, que diversões teremos esta noite? Um baile? Música? Como encurtar essa hora de ócio, a não ser com prazer?

FILOSTRATO Eis uma relação das diversões à disposição. Qual delas Sua Alteza quer ver primeiro?

[*Entrega-lhe um papel.*]

TESEU   [*Lendo.*] "A Batalha dos Centauros, cantada por um eunuco ateniense e acompanhada de harpa." Não quero nada disso. Já contei a meu amor as glórias de meu primo Hércules. "O Levante das Bacantes Bêbadas, que destroçam o poeta da Trácia em sua fúria." Essa é uma história muito velha, e já foi representada quando voltei vencedor de Tebas. "As Nove Musas, lamentando a morte do saber, morto na pobreza." Parece ser uma sátira, afiada e crítica, nem um pouco adequada a uma cerimônia nupcial. "Breve e Entediante Cena do Jovem Píramo e sua Amante Tisbe, uma tragédia muito alegre." Alegre e trágica? Entediante e breve? Parece fogo gelado, uma espécie de neve bizarra. Como pode haver harmonia em tal discórdia?

FILOSTRATO   É uma peça, meu senhor, de apenas dez palavras, a peça mais curta que já conheci. Mas essas dez palavras, meu senhor, já são longas demais, o que torna toda a obra entediante. Na peça inteira não há uma palavra ou ator correto. E certamente é trágica, pois Píramo acaba se matando, o que, devo confessar, acabou me levando às lágrimas no ensaio que vi — porém lágrimas de riso, pois nunca gargalhei tanto com esses sentimentos.

TESEU   Mas quem atua nela?

FILOSTRATO   Trabalhadores braçais aqui de Atenas, que nunca usaram o cérebro para trabalhar e aplicaram a mente destreinada nessa peça para as suas núpcias.

TESEU   Vamos vê-los então.

FILOSTRATO   Não, meu nobre senhor, ela não é boa para os senhores. Vi-a inteira e não há nada ali, nada mesmo. A não ser que veja diversão em sua intenção de honrar o senhor, a peça é terrível, difícil de aguentar.

TESEU   Quero ver a peça, pois não pode haver nada de errado no que é feito com simplicidade e boas intenções. Vá buscá-los. Tomem seus lugares, senhoras.

[*Sai Filostrato.*]

HIPÓLITA   Não quero que caçoem da miséria, nem que lhes faltem com o respeito.

TESEU   Ora, minha querida, ninguém fará nada disso aqui.

HIPÓLITA   Mas ele disse que não há nada de bom na peça.

TESEU   E maior será nossa bondade ao lhes agradecer por nada. Nossa diversão será justamente achar encanto em seus enganos: o que se faz por respeito será considerado por suas intenções, e não por seus méritos. Por onde já andei, muitos sábios tentaram me saudar com discursos ensaiados — e os vi tremer, empalidecer, acabar frases no meio da sentença e enrolar a língua por causa do medo, ficando mudos no caminho, sem conseguir me dar as boas-vindas. Acredite, minha querida, de seu silêncio soube que era bem-vindo. No recato do respeito amedrontado, já compreendi tanto quanto no linguajar solto e na eloquência audaciosa e atrevida. Por isso o amor e a simplicidade que travam a língua falam mais alto à minha mente.

[*Entra Filostrato.*]

FILOSTRATO   Se Sua Graça admitir, o Prólogo já vai começar.

TESEU   Que ele entre.

[*Tocar de trompetes. Entra o leitor do Prólogo.*]

PRÓLOGO   Se ofendemos, é de todo o coração. Não pensem, no entanto, que viemos ofender, e sim que viemos de coração. Viemos mostrar nosso talento, esse é o começo de nosso fim. Considerem, então, que viemos por desprezo. Não viemos para agradar, isso é o que queremos, nossa verdadeira intenção. Para seu deleite, não estamos aqui. Para que se lamentem, aqui estão os atores e, pelo seu espetáculo, saberão tudo que devem saber.

TESEU — Ele não sabe muito de pontuação.

LISANDRO — Ele montou esse prólogo como um corcel selvagem, sem saber aonde ia parar. Uma boa moral, meu senhor: não basta falar, é preciso saber falar.

HIPÓLITA — É verdade, fez o prólogo como uma criança com uma flauta: emite sons, mas sem nenhuma ordem.

TESEU — Seu discurso parece uma corrente emaranhada: ainda funciona, mas desarranjada. O que vem agora?

[*Entram Píramo e Tisbe, Muro, Luar e Leão, como em um espetáculo de palhaços.*]

PRÓLOGO — Cavalheiros, talvez fiquem confusos com este espetáculo. Mas tudo é confuso até que a verdade esclareça tudo. Se querem saber, esse homem é Píramo e essa bela dama certamente é Tisbe. Esse homem, com cal e argamassa, representa o Muro, aquele vil Muro que separa esses dois amantes. Através da fresta do Muro, essas pobres almas se contentam em sussurrar, o que é de surpreender. Esse homem, com lanterna, cão e um arbusto de espinhos, representa o Luar, pois, se querem saber, era sob o luar que esses amantes se encontravam, na tumba de Ninus, ali, logo ali, para namorar. Esse horrendo monstro — que chamam de Leão — assustou a ingênua Tisbe, primeira a chegar certa

noite, que saiu correndo, mas perdeu na corrida seu
manto, que o vil Leão deixou todo ensanguentado.
Logo depois chega Píramo, o belo jovem, e encontra
o manto da ingênua Tisbe morto. Então, com uma
espada, uma terrível e sanguinária espada, ele
bravamente vara seu peito em chamas. E Tisbe,
escondida atrás da amoreira, enterra em si mesma
a adaga e morre. Quanto ao resto, deixem o Leão, o
Luar, o Muro e os dois amantes dizer, com um longo
palavrório, diante de vocês.

[*Saem Prólogo, Píramo, Tisbe, Leão e Luar.*]

TESEU — Será que o Leão vai falar?

DEMÉTRIO — Não seria nenhuma surpresa, meu senhor. Um leão pode falar depois que tantos burros já falaram.

MURO — Nesse mesmo interlúdio, o que vai acontecer é que eu, chamado Bicudo, vou representar o Muro. E esse Muro que vou representar tinha um buraco, ou uma frestinha, por onde os amantes, Píramo e Tisbe, vinham todo o tempo sussurrar em segredo bem secreto. Essa argila, essa argamassa e essa pedra mostram que eu sou o Muro. E essa frestinha, sem dúvida nenhuma, é o lugar onde os amedrontados amantes, de um lado e do outro, vão suspirar.

TESEU — Quem poderia desejar cal e pedra
que falassem melhor?

DEMÉTRIO — É o Muro mais sábio que já ouvi, meu senhor.

[*Entra Píramo.*]

TESEU — Píramo se aproxima do Muro, silêncio!

PÍRAMO   Ó, noite triste! Ó, noite tão trevosa! Ó, noite
que sempre está aqui quando não é dia! Ó,
noite, ó, noite, ó, noite, ai, ai, ai, estou com
medo de que Tisbe tenha esquecido de sua
promessa! E você, ó, Muro, ó, doce, ó, adorável
Muro, que fica entre as terras do pai dela e do
meu. Você, Muro, ó, Muro, ó, doce e adorável
Muro, mostre-me sua frestinha, quero espiar
através dela com meu olho.

[*Muro levanta os dedos esticados.*]

Obrigado, gentil Muro. Que Júpiter te proteja!
Mas o que estou vendo? Não é Tisbe que eu vejo.
Ó, perverso Muro, que não me mostra a felicidade,
malditas sejam suas pedras por me decepcionar!

TESEU   Acho que o Muro, tão sensível, deveria
maldizê-lo de volta.

PÍRAMO   Não, senhor, não devia, não. "Por me
decepcionar" é a deixa de Tisbe. Ela tem que
entrar agora e eu vou espiá-la pelo Muro. Vai
ver como vai acontecer exatamente como
falei. Lá vem ela.

[*Entra Tisbe.*]

TISBE   Ó, Muro, que vive escutando meus lamentos,
por separar meu belo Píramo de mim. Meus
lábios vermelhos sempre beijam suas pedras,
as pedras que a cal e a argamassa juntaram.

PÍRAMO   Vejo uma voz. Vou já para a frestinha,
para espiar se posso ouvir o rosto da
minha Tisbe. Tisbe!

TISBE	É o meu amor, acho que é meu amor.
PÍRAMO	Pense o que quiser, sou Sua Graça, e como Leando[10], mereço confiança.
TISBE	E eu, como Hera, morro sem fiança.
PÍRAMO	Nem o amor de Encéfalo e Prócras[11] era tão verdadeiro.
TISBE	Ah, amamos mais do que Encéfalo e Prócras, isso é certeiro.
PÍRAMO	Ah, pela fresta desse vil Muro, dá cá um beijinho.
TISBE	Mas eu beijo o Muro, e não seu biquinho.
PÍRAMO	Vamos à tumba de Nina sem vagar?
TISBE	Na vida ou na morte, não posso demorar.
MURO	E foi assim que eu, Muro, fiz a minha parte. E, já que acabou, esse Muro deve ir.

[*Saem Muro, Píramo e Tisbe.*]

TESEU	Agora caiu o Muro entre os dois vizinhos.
DEMÉTRIO	Não tem jeito, meu senhor, quando os muros são tão cheios de vontade, caem sem avisar.
HIPÓLITA	Isso deve ser a maior tolice que já vi em minha vida.

---

10 Leandro e Hero são um casal mítico grego. Hero, uma jovem sacerdotisa de Afrodite, vivia em uma torre da cidade de Sesto, na margem do estreito de Helesponto, ao passo que Leandro habitava a cidade de Abidos, localizada na margem do outro lado do estreito. No original, em inglês, os personagens trocam seus nomes — Leander e Hero — por Limander e Helen, por isso se optou pelo trocadilho em português. (N. do T.)

11 Outro casal mítico grego, Céfalo e Prócris. Como no caso anterior, os nomes foram trocados por um equivalente tanto no original como na tradução para mostrar a inépcia dos atores da peça. (N. do T.)

TESEU Os melhores de seu tipo são apenas sombras. E os piores não são piores, se a imaginação der cabo deles.

HIPÓLITA É melhor que seja a sua imaginação, e não a deles.

TESEU Se não imaginarmos nada pior do que eles já imaginam de si mesmos, passarão por excelentes atores. Aí vêm duas nobres bestas, um homem e um leão.

[*Entram o Leão e o Luar.*]

LEÃO Caras damas, cujo coração gentil tem medo dos menores monstros que há, como um ratinho que rasteja pelo chão, pode ser que estremeçam e esperneiem ao ouvir esse Leão selvagem rugir. Mas saibam que sou eu, Justinho, o marceneiro, o Leão, e não um leão de verdade. Se eu fosse realmente um leão, teria medo por minha vida.

TESEU Uma fera muito gentil, e com consciência.

DEMÉTRIO A melhor fera que já vi, meu senhor.

LISANDRO Esse Leão tem a coragem de uma raposa.

TESEU É verdade, e a discrição de um ganso.

DEMÉTRIO Não acho, meu senhor, pois sua coragem não é maior do que sua discrição, e a raposa sempre leva a melhor em relação ao ganso.

TESEU Sua discrição, tenho certeza, não tem como ganhar de sua coragem, pois não há ganso que ganhe de uma raposa. Mas tudo bem, deixe-o com sua discrição, vamos ouvir a Lua.

LUAR Essa lanterna representa os chifres da lua.

DEMÉTRIO Ele deveria ter posto os chifres na própria cabeça.

TESEU	Como ele não é Lua crescente, os chifres vão desaparecer na circunferência.
LUAR	Essa lanterna representa os chifres da lua. E eu represento o homem que mora nela.
TESEU	Esse é o maior erro de todos. O homem tinha de ficar dentro da lanterna, senão como é que ele pode ser o homem que mora dentro da lua?
DEMÉTRIO	Ele não ousa entrar na lanterna por causa da vela. Vejam só, parece já estar meio tostado.
HIPÓLITA	Já cansei dessa lua. Ela bem que poderia mudar de fase!
TESEU	Pela falta de discrição de sua luz, parece que ela está minguante. Ainda assim, por cortesia, devemos ficar até o fim.
LISANDRO	Continue, Lua.
LUAR	Tudo o que tenho a dizer é que a lanterna é a lua, eu sou o homem da lua, que esses gravetos são meus gravetos, e que esse cachorro é o meu cachorro.
DEMÉTRIO	Ora, deveriam todos entrar na lanterna, já que estão todos na lua. Mas, silêncio! Lá vem Tisbe!

[*Entra Tisbe.*]

TISBE	Essa é a tumba da velha Nina. Onde está meu amor?
LEÃO	Oh!

[*O Leão ruge e Tisbe sai correndo, deixando cair seu manto.*]

DEMÉTRIO	Rugiu bem, Leão!

Teseu	Correu bem, Tisbe!
Hipólita	Brilhou bem, Lua. De verdade, a Lua brilha que é uma maravilha.

[*O Leão fareja o manto de Tisbe e sai.*]

Teseu	Farejou bem, Leão.
Demétrio	E então chegou Píramo.
Lisandro	E o Leão desapareceu.

[*Entra Píramo.*]

Píramo	Doce lua, obrigado pelos seus raios de sol. Sou grato, lua, por brilhar tanto. Pois com seus raios dourados, seus raios brilhantes, vejo a visão mais bela e verdadeira de Tisbe. Mas, o que é isso? Ó, desgraça! Preste atenção, pobre cavalheiro. Que coisa mais triste vejo aqui? Olhos, estão vendo? Como pode ser? Ó, minha cara! Ó, querida! É sua manta realmente. Mas está manchada de sangue? Fúria, venha me matar! Ó, destino cruel, venha, venha! É o fim da meada! Destrua-me e conclua logo essa ruína!
Teseu	Tanta emoção pela morte de uma amiga querida é capaz de entristecer qualquer homem.
Hipólita	Que meu coração endureça se eu não tiver dó desse ser.
Píramo	Ó, Natureza, por que fez o Leão, já que ele só serviu para deflorar minha amada? Que é — não, não — era a dama mais bela que já viveu, que eu amei, de quem gostei, que parecia tão viva. Venham, lágrimas! Venha, espada, fere o peito de Píramo! Sim, o peito

esquerdo, onde bate o coração. Assim eu morro,
assim, assim, assim. Agora estou morto. Agora morri.
Minha alma está no céu. Língua, cale a boca! Lua, vá
embora! E agora morro, morro, morro, morro, morri.

[*Morre. Sai o Luar.*]

DEMÉTRIO   Esse sabe morrer como um ás.

LISANDRO   É um ás de homem. Já morreu, já se foi.

TESEU   Com a ajuda de um cirurgião, é capaz de se recuperar e voltar a ser um asno.

HIPÓLITA   Como é que a Lua foi embora antes de Tisbe voltar e encontrar seu amante?

TESEU   Ela o encontrará guiada pelas estrelas.

[*Entra Tisbe.*]

Aí vem ela. Com sua paixão, a peça há de acabar.

HIPÓLITA   Acredito que, com um Píramo desses, sua paixão não se prolongará por muito tempo. Só espero que seja breve.

DEMÉTRIO   Um cisco é capaz de desequilibrar a balança se pusermos Píramo em um prato e Tisbe no outro, a fim de saber quem é o melhor, se ele como homem — Deus nos proteja! — ou ela como mulher — Deus nos guarde!

LISANDRO   Ela já o viu com aqueles doces olhos.

DEMÉTRIO   Já deu para perceber que ela começou a dizer algo...

TISBE   Está dormindo, meu amor? Ora essa, morreu, meu pombinho? Ó, Píramo, acorde! Fale, fale. Está mudo? Morreu, morreu? Uma tumba deve recobrir seus doces olhos, seus lábios de lírio, seu nariz vermelho, essas bochechas cor de prímula. Tudo se foi, se foi! Amantes, podem chorar! Seus olhos eram verdes como cebolas. Ó, fadas, cheguem até mim, com suas mãos pálidas de leite, o sangue as manchou, já que sua vida findou, cortando-a como um pedaço de seda. Língua, cale a boca! Venha, fiel espada, venha enfiar sua lâmina em meus peitos. Adeus, meus amigos, assim acaba Tisbe! Adeus, adeus, adeus.

[*Morre.*]

TESEU Sobraram o Luar e o Leão para enterrar os mortos.

DEMÉTRIO Sim, e o Muro também.

BOBINA Ah, certamente que não. O Muro que separava a propriedade de seus pais caiu. Gostariam de ver o epílogo ou assistir a uma bergamasca[12] com dois de nossos atores?

TESEU Por favor, nada de epílogo, pois sua peça não necessita de explicações. Quando os atores morreram, não há necessidade de encontrar culpados. Palavra de honra, se quem escreveu a peça tivesse feito o papel de Píramo e se enforcado com a cinta-liga de Tisbe, a tragédia teria sido perfeita. Como na verdade foi, e com atuações notáveis. Mas vamos à bergamasca, deixe o epílogo em paz.

[*Os palhaços voltam ao palco e começam a dançar.*]

---

12 Dança, semelhante à tarantela italiana, cuja música vai aumentando de ritmo com o tempo. (N. do T.)

O sino da meia-noite soou as doze.
Amantes, já pra cama, a hora das fadas chegou.
Temo que não possamos ver a manhã,
Pois já varamos a madrugada.
Essa peça grosseira fez o tempo passar
E fez o lento passo da noite marchar.
Ao leito, meus doces amigos.
Por quinze dias vamos festejar
E em todas as noites vamos celebrar.

[*Saem. Entra Puck.*]

PUCK   Agora, ruge o leão, e o lobo uiva ao luar, enquanto o fazendeiro ronca, cansado de tanto trabalhar. Agora, brilham as brasas na lareira e a coruja grita, afugentando os infortúnios daqueles à beira da morte. Essa é a parte da noite em que os túmulos se abrem e despejam seus espíritos na rua, prontos a caminhar sem rumo. E nós, fadas, corremos da turba de Hécate[13], que, na escuridão, da presença do sol esquecida, vem brincar. Sequer um ratinho é capaz de perturbar essa morada. Que minha vassoura, já acostumada ao serviço, varra toda essa poeira.

[*Entram Oberon e Titânia com seus séquitos.*]

OBERON   Por toda a casa entre a luz, que arda uma vez mais o fogo extinto. Que todo elfo, toda fada, pule como

---

13 Deusa mitológica das encruzilhadas, dos caminhos ermos e dos encantamentos. (N. do T.)

um pássaro na roseira. E siga essa canção comigo, cantando e dançando com alegria.

TITÂNIA   Vamos antes ensaiar, para cada letra, cada nota perfeitamente soar. De mãos dadas e com toda a graça, vamos cantar e abençoar essa casa.

[*Música e dança.*]

OBERON   Agora, até a aurora,
Por toda a casa, elfos e fadas.
Os leitos dos noivos todos
Vamos agora abençoar.
E quem neles um dia nascer,
Fortuna e alegria vai ter.
Assim os três casais de amantes,
Para sempre vão se amar.
E os erros da mãe natureza
Nunca lhes vão afetar.
Nem defeito, nem cicatriz,
Nem marca infeliz
Sua prole há de portar.
Com este orvalho consagrado,
Cada fada vai se espalhar,
E, abençoando cada sala,
Por todo o palácio, a paz prepara.
Com seu dono abençoado,
Todos protegidos estarão.
Agora vão sem demora,
E me encontrem na aurora.

[*Saem Oberon, Titânia e seus séquitos.*]

PUCK   Se nós, sombras, ofendemos,
   Pensem que também consertamos,
   Basta pensar que dormiam,
   Quando tais visões apareciam.
   E que esse tão fraco tema,
   Nada mais foi do que devaneio.
   Senhores e senhoras, compreendam,
   Com seu perdão tudo se resolve.
   Como sou Puck e não minto,
   Se tivermos a sorte disto terminar,
   Sem nenhuma de suas vaias,
   Consertamos tudo sem demora.
   Mas, se estiver mentindo,
   Muito boa noite a todos, já vou indo.
   Aplaudam, sejam amigos,
   E Robin defenderá sua estima.

   [*Sai do palco.*]

A Tempestade

PERSONAGENS DRAMÁTICOS

ALONSO, REI DE NÁPOLES

SEBASTIÃO, IRMÃO DE ALONSO

PRÓSPERO, DUQUE DE MILÃO

ANTÔNIO, IRMÃO DE PRÓSPERO E USURPADOR DO DUCADO DE MILÃO

FERDINANDO, FILHO DO REI DE NÁPOLES

GONZALO, UM VELHO E HONESTO CONSELHEIRO

ADRIAN E FRANCISCO, LORDES

CALIBAN, UM ESCRAVO SELVAGEM E DEFORMADO

TRÍNCULO, UM BOBO DA CORTE

ESTÉFANO, UM MORDOMO BÊBADO

MESTRE DE UM NAVIO

CONTRAMESTRE

MARINHEIROS

MIRANDA, FILHA DE PRÓSPERO

ARIEL, UM ESPÍRITO DO AR

ÍRIS

CERES

JUNO

NINFAS

CEIFADORES

ESPÍRITOS

# ATO I

CENA I.
A BORDO DE UM NAVIO.
Ruídos de tempestade, trovões e raios.

[*Entram o Mestre e o Contramestre do navio.*]

MESTRE   Contramestre!

CONTRAMESTRE   Aqui estou, Mestre. Tudo certo?

MESTRE   Tudo. Diga aos marinheiros que acelerem o passo. Caso contrário, vamos encalhar. Vamos, vamos!

[*Entram os marinheiros.*]

CONTRAMESTRE   Vamos, meus companheiros!
Ânimo, meus companheiros!
Rápido, rápido, recolham a gávea.
Prestem atenção ao apito do Mestre.
Força até perder o fôlego, se chegar a tanto!

[*Entram Alonso, Sebastião, Antônio, Ferdinando, Gonzalo e outros.*]

ALONSO   Tenha cuidado, Contramestre.
Onde está o Mestre? Mostre sua bravura!

CONTRAMESTRE   Peço-lhes que permaneçam lá embaixo.

ANTÔNIO   Onde está seu capitão, Contramestre?

CONTRAMESTRE   Não estão me ouvindo?
Estão atrapalhando nosso serviço.
Fiquem na cabine, pois estão
auxiliando a tempestade.

GONZALO   Calma, tenha paciência.

CONTRAMESTRE   Quando o mar a tiver. Andem, a que importa
o nome do rei para estas ondas? Vão para as
cabines. Silêncio! Não nos causem problemas.

GONZALO   Muito bem, mas se lembre dos que se
encontram a bordo.

CONTRAMESTRE   Ninguém que valha mais do que eu mesmo.
O senhor é um conselheiro. Se puder dominar
os elementos e nos trazer calma neste
instante, não mexeremos em mais nenhuma
corda. Use sua autoridade. Mas se não for
capaz de fazê-lo, dê graças por continuar
vivo, e vá para a cabine se preparar para o
infortúnio que uma hora dessas pode trazer.
Ânimo, meus companheiros!
Saiam do caminho, já lhes disse.

[*Sai o Contramestre.*]

GONZALO   Confio muito nesse sujeito: não me parece
apresentar nenhuma marca de afogamento.
E tem a aparência de alguém já
condenado forca.

Que o destino cumpra seu caminho rumo ao cadafalso, e das cordas de sua sina se beneficie nossa própria vida. Mas se não nasceu para ser enforcado, nosso caso está fadado.

[*Saem de cena. Entra o Contramestre.*]

CONTRAMESTRE Recolham a gávea! Rápido, para baixo, para baixo. Recolham tudo, menos a bujarrona...

[*Um grito, vindo dos bastidores.*]

Que praga! Que gritaria dos diabos!
Fazem mais barulho do que o tempo,
mais até mesmo do que nós...

[*Entram Sebastião, Antônio e Gonzalo.*]

De novo? O que fazem aqui ainda?
Querem se afogar? Preferem afundar?

SEBASTIÃO Maldita seja sua língua, cão que ladra e pragueja sem clemência.

CONTRAMESTRE Trabalhe no meu lugar, então.

ANTÔNIO Seu destino é a forca, seu vira-lata, filho barulhento de uma rameira. Temos menos medo de nos afogar do que você.

GONZALO Ele nunca se afogaria, mesmo que o navio fosse mais fraco do que uma casca de noz ou tivesse mais furos do que uma moça indecente.

CONTRAMESTRE   Virem a proa rumo à terra!
Agora, para o mar de novo! Para fora!

[*Entram os marinheiros, molhados.*]

MARINHEIROS   Tudo perdido. Rezem, rezem!
Estamos perdidos.

CONTRAMESTRE   Vamos nos afogar, por fim?

GONZALO   Tanto o rei como o príncipe rezam.
Vamos ajudá-los. Sua causa também é nossa.

SEBASTIÃO   Já perdi a paciência.

ANTÔNIO   Nossa vida se perde por causa de uns bêbados.
Este é um malandro boca-suja. Que morra
afogado antes que se alternem dez marés.

GONZALO   Já terá ido à forca, mesmo que cada gota
d'água diga o contrário, tentando engoli-lo.

[*Ruídos confusos, vindo dos bastidores.*]

Tenha misericórdia de nós! O barco está
partindo! Adeus, minha esposa, meus
filhos! Adeus, meu irmão! Estamos
rachando, estamos rachando!

ANTÔNIO   Vamos afundar com o rei.

SEBASTIÃO   Vamos nos despedir dele.

[*Saem Antônio e Sebastião.*]

GONZALO   Daria, neste instante, milhares de braças de
mar por um pedacinho de terra estéril, um
vasto brejo, cheio de espinhos ou sarças,

qualquer coisa. Que se cumpra a vontade do céu, mas gostaria de uma morte seca.

[*Saem de cena.*]

CENA II.
Uma ilha. Diante da cela de Próspero.

[*Entram Próspero e Miranda.*]

MIRANDA   Meu pai querido, se seu ofício fez as águas
           selvagens rugirem, por favor, acalme-as.
           O céu parece estar vertendo piche, ao passo que o
           mar sobe até o semblante do ar e lhe apaga o fogo.
           Ah, como sofro com o martírio que vejo!
           Uma brave nau — que, sem dúvida, transporta
           nobre criatura — partida em pedacinhos. Seus
           gritos afligem meu coração! Pobres almas, por
           fim pereceram! Se eu fosse um deus poderoso,
           teria afundado o mar na terra, antes que engolisse
           o belo navio, com as frágeis almas a bordo.

PRÓSPERO   Controle-se, não se impressione!
           Diga a seu coração piedoso que nada aconteceu.

MIRANDA   Ah, que dia funesto.

PRÓSPERO   Nenhum mal se passou. Tudo o que fiz foi para
           seu bem, minha querida filha, que ignora quem
           é — já que não sabe de onde vim, tendo-me apenas
           como Próspero, nada além de seu pai.

MIRANDA   Nunca pensei ser nada além disso.

PRÓSPERO   Já é hora de que saiba tudo. Dê-me sua mão e me ajude a despir minha capa mágica. [*Retira a capa.*] Eis aí meu ofício. Enxugue os olhos, console-se. O terrível espetáculo desse naufrágio tocou a virtuosa compaixão que há em você. Ordenei prontamente — com o auxílio de meu ofício — que nenhuma alma, nem mesmo um fio de seus cabelos, tenha se perdido. Pelos gritos, você pensou que a embarcação se afundara: sente-se agora, é preciso que saiba de tudo.

MIRANDA   Por várias vezes começou a me dizer quem sou... Porém não o fez, deixando minhas perguntas sem respostas, dizendo: ainda não.

PRÓSPERO   É chegada a hora. Chegou o instante de prestar atenção. Obedeça-me e fique em silêncio. Lembra-se de antes de chegarmos a esta ilha? Não acho que seja possível, pois ainda nem tinha completado três anos.

MIRANDA   Mas certamente que me lembro.

PRÓSPERO   Lembra-se de quê? De outra casa, de outras pessoas? Se lhe vem qualquer imagem à mente, diga-me.

MIRANDA   É algo bem longínquo, parecendo-me mais um sonho do que realidade. Entretanto algo me diz que havia quatro ou cinco mulheres cuidando de mim.

PRÓSPERO   Sim. E ainda mais, Miranda. Mas como pode ter ficado tal fato em sua mente? O que vê no escuro abismo do tempo? Se consegue se lembrar disso, talvez saiba como chegamos aqui.

MIRANDA   Não me lembro.

PRÓSPERO   Há doze anos, Miranda, há doze anos seu pai era o duque de Milão, um príncipe poderoso.

MIRANDA   Então você não é meu pai?

PRÓSPERO	Sua mãe era muito virtuosa, e sempre me confirmou que era minha filha. Seu pai é o duque de Milão e você é a única herdeira dele, uma distinta princesa.
MIRANDA	Ó, céus! E que maldade nos fez acabar aqui? Ou será que foi uma bênção?
PRÓSPERO	Ambos, minha filha. Como disse, a maldade nos tirou de lá. Mas foi uma bênção acabar aqui.
MIRANDA	Meu coração sangra por toda a dor que eu lhe trouxe, dor que me foge à memória. Mas me conte mais, por favor.
PRÓSPERO	Meu irmão, seu tio, chama-se Antônio... Veja como um irmão pode ser pérfido. Ele — a quem eu mais amava no mundo, tirando você — tornou-se, sob ordens minhas, administrador do meu Estado, pois, àquela época, era o mais alto nobre, o primeiro daquele principado — ao passo que eu era o primeiro duque, não apenas por minha reputação, como também por ser inigualável nas artes liberais. Tendo entregado o governo a meu irmão, dediquei-me a estudos secretos, tornando-me um estranho às questões do meu próprio Estado. E seu dissimulado tio... Está me ouvindo?
MIRANDA	Sim, com toda a minha atenção.
PRÓSPERO	Assim que aprendeu a conceder e negar pedidos, promovendo uns e punindo outros — por pedirem em demasia — refez os postos que eu criara, mudando-os ou inventando novos, já que tinha as chaves de tudo que havia. E, em todas as funções, afinou os corações aos timbres que agradavam seus ouvidos, transformando-se na hera que ocultava minha nobre cepa. Ainda está me ouvindo?

MIRANDA   Sim, meu bom senhor.

PRÓSPERO   Então preste bastante atenção. Esquecido dos temas mundanos, dedicava-me somente ao que me era próximo e ao aperfeiçoamento de minha mente — o que, por ser uma atividade solitária, acaba por não ser muito popular. Despertei, assim, a perversa natureza de meu desleal irmão, e minha confiança gerou nele uma oposição proporcional à minha ilimitada fé. Instituído de todo poder — não apenas do que lhe dispunham minhas rendas, como de tudo que minha autoridade propiciava — acabou por inventar a verdade, ao repetir as mentiras que sua mente pecadora elaborava. E, crendo no que mentia, acreditou que era mesmo o duque, pela simples prerrogativa dos aspectos externos de sua realeza, acrescidos de sua crescente ambição. Continua a me ouvir?

MIRANDA   Sua narrativa curaria qualquer surdez.

PRÓSPERO   Sem nada para separá-lo de si mesmo e do papel que interpretava, ele passou a ser o próprio ducado de Milão. Quanto a mim, pobre coitado, minha biblioteca era meu reino. Assim, ele passa a me considerar incapaz e, ávido por poder, decide se confederar com o rei de Nápoles, pagando-lhe tributos e lhe rendendo homenagens, sujeitando o ducado até então sempre independente...
Ah, Milão! Que ignóbil submissão!

MIRANDA   Ó, céus!

PRÓSPERO   Preste atenção à sua condição, ao que ele fez.
E me diga se isso é atitude de um irmão.

MIRANDA   Entraria em pecado se não julgasse nobre minha avó, mas bons úteros já gestaram maus filhos.

PRÓSPERO Agora, ouça as condições do trato. O rei de
Nápoles — meu inveterado inimigo — dá ouvidos
a meu irmão, porém lhe pede que, em lugar das
homenagens e tributos que lhe prometera, extirpe
a mim e aos meus do ducado, conferindo, dessa
forma, a seu tio todas as honras da bela Milão.
Por isso, com um exército de traidores, Antônio
reservou data certa para abrir as portas da cidade
e, na calada da noite, com seu grupo singular me
arrancou de lá, tendo você, aos prantos, comigo.

MIRANDA Ai de mim, que tristeza! E como não me lembro de
ter chorado então, choro mais uma vez agora, pois
essa história me traz lágrimas aos olhos.

PRÓSPERO Ainda há mais. Devo chegar aos fatos de
hoje, que acabamos de presenciar. Sem eles, a
história não faz sentido.

MIRANDA Mas por que não nos destruíram?

PRÓSPERO Muito boa pergunta, causada por meu relato.
Não ousaram fazê-lo, dado o amor que o povo
tinha por mim: não queriam marcar de sangue
tais fatos, preferindo enfeitar seus planos
com mais belas cores. Em suma, puseram-
nos com pressa em um barco — uma carcaça
podre e sem velas que até mesmo os ratos
instintivamente abandonaram — rumo ao
mar aberto. E lá ficamos, gritando ao oceano,
que ecoava nossos apelos, e suspirando ao
vento, que, por compaixão, acabava por nos
ferir com suas carícias.

MIRANDA Ai, quantos problemas não devo ter lhe causado!

PRÓSPERO Ah, meu querubim, foi você quem me salvou.
Seu sorriso me infundiu com força divina.

>   Quando vertia minhas lágrimas ao mar,
>   lamentando o fardo que me cabia, foi ele que
>   me inspirou coragem para enfrentar o que
>   ainda estava por vir.

MIRANDA   Como chegamos à costa?

PRÓSPERO   Pela providência divina. Tínhamos um pouco de
            comida e água potável que, por caridade, Gonzalo,
            um bom napolitano — que fora designado chefe do
            plano — nos havia dado, além de belos trajes, linho
            e tudo o que nos era necessário. E, por gentileza,
            sabendo que amo livros, forneceu-me também
            alguns volumes de minha biblioteca, que prezava
            mais do que meu próprio ducado.

MIRANDA   Quem me dera algum dia ver esse homem.

PRÓSPERO   Estou chegando ao ponto — espere e ouça o fim de
            nossos tormentos marinhos. Chegamos por fim a
            esta ilha e, sem um Mestre, preparei-a melhor do
            que qualquer outra princesa, pois as outras têm mais
            tempo para futilidades — e tutores mais desleixados.

MIRANDA   Graças dou aos céus. Mas, por favor me responda,
            meu senhor, pois continuo com a mesma
            dúvida em minha mente: que razão teve para
            causar esta tempestade?

PRÓSPERO   Pois saberá agora. Por um estranho acidente, a
            copiosa Fortuna — agora, por mim muito estimada —
            trouxe a esta costa meus inimigos. Pude então
            prever que meu destino, para atingir seu ápice,
            dependerá da mais auspiciosa estrela e devo dela
            aproveitar para evitar meu infortúnio eterno.
            Mas chega de perguntas, você cai de sono.
            Ceda ao torpor, não há outra escolha.

A Tempestade

[*Miranda adormece.*]

Venha, meu servo, venha. Já estou pronto. Aproxime-se, meu Ariel. Entre.

[*Entra Ariel.*]

ARIEL Ave, grande Mestre, grande senhor, ave! Venho atender a seu pedido, seja ele voar, nadar, adentrar o fogo, cavalgar as nuvens. Eis aqui Ariel e seus pares, para cumprir suas ordens.

PRÓSPERO Espírito, você criou a tempestade que lhe ordenei?

ARIEL Com todos os pormenores. Subi a bordo do navio dos reis e causei assombro na proa, na popa, no porão, no deque e em cada cabine — às vezes, em cada parte, às vezes, por todo o lugar. Cada canto ardia, o mastro central, as vergas e os gurupés — um fogo que, espalhado, logo se agrupou. Nem os raios de Júpiter anunciam os terríveis trovões com mais escarcéu, nem se lançam com mais lepidez. As chamas e o estrondo dos brados sulfurosos pareciam cercar Netuno, estremecendo as ondas até sacudir seu tridente.

PRÓSPERO Meu bravo espírito! Quem haveria de tão firme e constante que não tivesse a razão corrompida nesse instante?

ARIEL Nenhuma alma deixou de sentir a febre dos loucos, e todos recorreram às artimanhas do desespero. Só os marinheiros não se jogaram ao mar e permaneceram na nau — então coberta pelo meu fogo. O filho do rei, Ferdinando, com os cabelos em pé como palha seca, foi o primeiro a saltar, gritando "O inferno está vazio, estão aqui todos os demônios!".

PRÓSPERO   Ora, ora, esse é meu espírito! Mas tudo não se passou perto da costa?

ARIEL   Sim, meu Mestre.

PRÓSPERO   E estão todos a salvo?

ARIEL   Ninguém pereceu. Nem mesmo uma nódoa surgiu em suas vestes — estão ainda mais novas. Como me ordenou, espalhei-os em grupos por toda a ilha. O filho do rei é o único que deixei sozinho, resfriando o ar com seus suspiros, em um recanto da ilha. Lá está ele taciturno, sentado de braços cruzados.

PRÓSPERO   E o navio real, os marinheiros e o resto da frota, que é feito deles?

ARIEL   No porto, em segurança, está a nau do rei. No recanto onde à meia-noite o senhor me convocou para colher o orvalho das agitadas Bermudas está escondida. Com ela, a tripulação, que deixei — com a ajuda de meus encantos e de seus esforços — dormindo. E o resto da frota, que havia dispersado, voltei a reunir no Mediterrâneo, em soturno retorno a Nápoles, pois supõem eles ter perecido seu rei, e naufragado seu navio.

PRÓSPERO   Ariel, tudo fez de modo exato. Mas ainda há mais a ser feito. Que horas são?

ARIEL   Passa do meio-dia.

PRÓSPERO   Ao menos duas horas... Até as seis, teremos de usar de modo precioso nosso tempo.

ARIEL — Há mais a fazer? Como tudo isso me aflige, devo lhe lembrar da promessa que ainda não cumpriu.

PRÓSPERO — Essa, agora... Que temperamento é esse? O que poderia você exigir?

ARIEL — Minha liberdade.

PRÓSPERO — Antes da hora certa? Absolutamente não.

ARIEL — Rogo-lhe que se lembre do valoroso serviço que tenho prestado. Sem mentiras ou truques, resmungos ou reclamações, prometeu-me abater um ano inteiro.

PRÓSPERO — Já esqueceu dos tormentos de que o livrei?

ARIEL — Não.

PRÓSPERO — Penso que sim, já que acha um exagero pisar o mar profundo, correr com o vento norte ou atender a meus pedidos nos veios da terra congelada.

ARIEL — Não esqueci, meu senhor.

PRÓSPERO — Está mentindo, ser perverso! Já esqueceu a bruxa Sycorax, curvada pela idade e pela inveja? Esqueceu dela, por acaso?

ARIEL — Não, senhor.

PRÓSPERO — Penso que sim. Responda-me: onde nasceu ela?

ARIEL — Em Argel, senhor.

PRÓSPERO — Exatamente! Uma vez por mês tenho que lhe relembrar de tudo. Essa maldita bruxa Sycorax, em virtude de suas inúmeras maldades, de suas feitiçarias — terríveis demais para os ouvidos humanos — foi banida de Argel, como bem sabe. Mas, graças a um único pormenor, pouparam-lhe a vida. Não é verdade?

ARIEL   Sim, senhor.

PRÓSPERO   A bruxa de olhos azuis carregava um filho no ventre, por isso aqui foi deixada pelos marinheiros. Você, meu escravo, a ela então servia. E, por ser um espírito delicado demais para cumprir seus abomináveis desmandos e atender seus pedidos, foi encarcerado com a ajuda de seus ministros mais poderosos.
Em sua fúria incontrolável, ela o manteve na fenda de um pinheiro, sofrendo por doze anos. Entrementes, ela morreu, deixando-o ali, gemendo como um moinho sob a ação dos ventos, nesta mesma ilha em que não restara forma humana — à exceção do ser que ela aqui gerou.

ARIEL   Sim. Caliban, seu filho.

PRÓSPERO   Que maçante, foi o que disse! Caliban, que agora está a meu serviço. Continuando, os tormentos por que passou você sabe melhor do que ninguém. Seus urros faziam uivar os lobos e penetravam o coração dos ursos mais raivosos. Era uma aflição infernal, mas Sycorax não soube dar cabo dela. Foi por meu intermédio — ao chegar a esta ilha e ouvi-los — que se pôde abrir o pinheiro e libertá-lo.

ARIEL   E lhe agradeço imensamente, Mestre.

PRÓSPERO   Se continuar a resmungar, abro um carvalho e trato de trancafiá-lo nos veios da madeira até que se tenha passado doze invernos.

ARIEL   Perdão, meu Mestre. Farei tudo que me ordenar, com toda a gentileza.

PRÓSPERO   Se o fizer, libertarei-o em dois dias.

ARIEL	Meu nobre Mestre! O que devo fazer? Diga-me! O que devo fazer?
PRÓSPERO	Quero que se transforme em uma ninfa marinha, perceptível apenas a nós dois, invisível a todos os outros olhares. Vá mudar sua forma e volte como ninfa. Vá, depressa!

[*Sai Ariel.*]

Acorde, minha querida, acorde! Já dormiu o bastante. Acorde!

MIRANDA	A excentricidade de sua história pesou em meu ser.
PRÓSPERO	Liberte-se do peso e venha comigo. Vamos visitar meu escravo Caliban, que sempre se mostra grosseiro.
MIRANDA	Ele é tão vil que sequer gosto de vê-lo.
PRÓSPERO	Ainda assim, não podemos deixar de visitá-lo. É ele quem prepara nosso fogo, recolhe a lenha e faz outras tarefas a nosso serviço. Escravo! Caliban! Ei, coisa suja, fale!
CALIBAN	[*Dos bastidores.*] Há lenha suficiente aí.
PRÓSPERO	Falei para vir aqui! Há outras coisas a fazer. Venha logo, tartaruga! Quando vem?

[*Entra Ariel como uma ninfa marinha.*]

Bela aparição! Meu singular Ariel, vou lhe falar ao pé do ouvido.

ARIEL	Meu senhor, já está tudo feito.

[*Sai Ariel.*]

PRÓSPERO Escravo vil, gerado pelo demônio em
pessoa. Venha logo!

[*Entra Caliban.*]

CALIBAN Que o mais terrível orvalho que minha mãe
recolheu do charco com penas de corvo recaia
sobre vocês dois. Que um vento sudoeste os cubra
de pústulas com seu sopro!

PRÓSPERO Só por isso, esta noite terá cãibras por todo o
corpo e dores nos flancos que lhe farão perder
o fôlego. Mil vadios das trevas hão de se juntar
para atacá-lo. E que toda uma colmeia venha
aferroá-lo sem parar, com cada investida
pior do que a anterior.

CALIBAN Quero o meu jantar. A ilha é minha, de minha mãe,
Sycorax, que você me tirou. Ao chegar, você me
acariciava e me mimava, dando-me água com frutas
e me ensinando a nomear a luz grande e a pequena,
que queimam de dia e de noite. Então, eu o amava, e
mostrei tudo que há na ilha, as fontes de água fresca,
os veios de sal, onde é fértil e onde é estéril. Maldito
seja eu por ter feito tal coisa! Que todos os encantos
de Sycorax — sapos, escaravelhos e morcegos —
ataquem-no a uma só vez! Pois, no reino que era meu,
tornei-me seu único súdito, restando a mim apenas
estas pedras que me servem de chiqueiro, enquanto
você domina a ilha toda.

PRÓSPERO Escravo mentiroso, que só se move pelo açoite
e nunca pela bondade. Tratei-o com carinho —
mesmo sendo o imundo que é — e o abriguei na
minha própria cela, até se tornar uma ameaça à
honra de minha filha.

CALIBAN   Ah, rá, rá, quem dera o tivesse feito! Se não me tivesse impedido, povoaria toda a ilha com Calibans.

PRÓSPERO   Escravo abominável, incapaz de reconhecer a bondade, capaz de todo o mal! Tive pena de você, fiz de tudo para que aprendesse a falar e muito mais. Pois, fera inominável, você sequer sabia o que era, balbuciando como um bruto. Dei-lhe propósitos e maneiras de expressá-los. Mas sua raça vil, mesmo chegando a aprender, tem algo que os bons espíritos não podem tolerar. Por isso fez por merecer que o confinasse a esta rocha, pois só é digno de prisão.

CALIBAN   Você me ensinou a falar, e sua serventia é saber praguejar. Que a peste vermelha o corroa, por ter me ensinado sua língua!

PRÓSPERO   Vá embora, semente de bruxa! Vá pegar lenha — e vá depressa, já que tenho outras tarefas para você. Ainda reclama, miserável? Pois se fizer de má vontade o que eu mandar, vou afligi-lo com as cãibras dos velhos, enchendo seus ossos de dores, fazendo-o urrar a tal ponto que as feras estremecerão com o barulho.

CALIBAN   Não, por favor!

[*À parte.*]

Terei de obedecer. Seu ofício é tão poderoso que ele é capaz de controlar Setebos[14], meu único deus, e torná-lo seu servo.

PRÓSPERO   Vai, escravo! Fora!

---

14 Deus do mítico povo gigante da Patagônia, cuja pretensa existência se deu a rumores que se espalharam pela Europa em meados do século 16. (N. do T.)

[*Sai Caliban. Entra novamente Ariel, invisível, tocando e cantando, seguido por Ferdinando.*]

ARIEL [*Cantando.*]

Venha para as areias douradas
E tome as mãos ofertadas;
Seu cortês beijo já dominou
As ondas do mar em que pousou:
Pise ali e acolá com prontidão,
Doces elfos já cantam o refrão.
Ouça! Ouça!

VÁRIAS VOZES [*Dos bastidores.*] **Au, au.**

ARIEL Os cães de guarda latem.

VÁRIAS VOZES [*Dos bastidores.*] **Au, au.**

ARIEL Ouça! Ouça! Apenas ouço o galo cantando... Cocoricó!

FERDINANDO De onde virá essa canção? Do ar ou da terra? Não ouço mais e, certamente, ela serve a algum deus da ilha. Sentado à margem, ainda chorando meu pai perdido, ouvi vindo das águas essa música — que acalmou tanto sua fúria como minha dor com sua melodia. Assim, segui-a. Ou talvez ela tenha me atraído. Mas já se foi... Ah, não, começa mais uma vez.

ARIEL [*Cantando.*]

A Tempestade

> A cinco braças seu pai jaz,
> E seus ossos hoje são coral.
> Seus olhos são pérolas, nada mais.
> Mas ele ainda ali está, afinal.
> Encontra-se mudado pelo mar,
> Em algo rico e singular,
> Ninfas, chegou a hora de soar.

VÁRIAS VOZES [*Dos bastidores.*] Din, don.

ARIEL Ouçam! Ouçam! Eu ouço... Din, din, don.

FERDINANDO A cantiga me lembra de meu pai afogado. Isso não é feito de mortais, nenhum desses sons vem da Terra. Ainda a ouço lá do alto.

PRÓSPERO Abra as cortinas franjadas de seus olhos e me diga o que vê.

MIRANDA Do que se trata? De um espírito? Por Deus, como olha ao seu redor! Acredite, meu senhor, ele tem uma bela forma. Mas é um espírito.

PRÓSPERO Não, minha jovem. Ele come, dorme e tem sentidos como nós dois. O cavalheiro que está vendo se encontrava no naufrágio, mas a não ser por algumas marcas de dor em sua beleza, seria possível dizer que tem boa aparência. Perdeu-se de seus companheiros, porém está à sua procura.

MIRANDA Eu diria que tem uma aparência divina, pois nunca vi nada de tão nobre.

PRÓSPERO [*À parte.*] Tudo segue como minha alma quer. Espírito, belo espírito! Vou libertá-lo em dois dias por tudo isso.

FERDINANDO   Certamente, essa é a deusa que paira por estes ares!
             Espero que minha prece me leve a saber se mora
             nesta ilha, e se poderia me dizer como aqui me
             comportar. O que mais me interessa conhecer é
             — ó, grande maravilha! — se é donzela ou não.

MIRANDA   Não sou nenhuma maravilha, meu senhor. Mas lhe
             asseguro que sou donzela.

FERDINANDO   Ó, céus, é a minha língua! Sou o melhor a lhe falar
             então. Quem dera estivesse com ela.

PRÓSPERO   Como? O *melhor*? O que seria de você se o rei de
             Nápoles o ouvisse!

FERDINANDO   Muito me admira ouvir falar de Nápoles. Ele me
             ouve, então. Por isso choro. Sou a própria Nápoles e
             vi com estes olhos meu pai, o rei, naufragar.

MIRANDA   Ah, coitado.

FERDINANDO   Sim, palavra de honra. Naufragou com todos os seus
             lordes, o duque de Milão e o filho dele.

PRÓSPERO   [*À parte.*] O duque de Milão e sua corajosa filha
             poderiam refutá-lo, se fosse a hora certa. Logo
             ao primeiro olhar, seus olhos se transformaram.
             Delicado Ariel, vou libertá-lo por tal feito.

             [*A Ferdinando.*]

             Uma palavra, meu bom senhor. Temo
             que tenha se enganado.

MIRANDA   Por que meu pai fala de maneira tão rude? Esse é o
             terceiro homem que vejo, e o primeiro por quem
             suspiro. Que lástima meu pai tomar essa atitude.

FERDINANDO   Ah, se é virgem e nunca chegou a amar, eu a
             tornarei rainha de Nápoles.

PRÓSPERO   Muita calma, meu senhor! Vamos conversar.

[*À parte.*]

Estão sob encanto mútuo. Mas devo impedir tamanha pressa, pois quando o prêmio é fácil, acaba sem valor.

[*A Ferdinando.*]

Exijo-lhe uma palavra! Ouça-me: está usurpando um nome que não é seu e chegou a esta ilha como um espião, com a pretensão de tirá-la de mim, o senhor deste lugar.

FERDINANDO   Juro-lhe que não.

MIRANDA   Nenhum mal pode residir em um templo assim. Se um espírito maligno habita uma casa tão bela, coisas boas hão de lutar para aí morar.

PRÓSPERO   [*A Miranda.*] Não o defenda, pois ele é um traidor.

[*A Ferdinando.*]

Siga-me. Venha, vou lhe prender o pescoço e os pés. Beberá água salgada e só comerá moluscos do mar, raízes secas e velhas conchas. Siga-me.

FERDINANDO   Não! Resistirei a esse tratamento até que meu inimigo tenha mais poder do que eu.

[*Desembainha a espada, mas fica imobilizado por um encantamento.*]

MIRANDA — Ó, meu querido pai, não o trate de modo tão cruel. Ele é gentil, não há nada a temer.

PRÓSPERO — O quê? Tenho minha raiz como Mestre? Guarde a espada, traidor. Tem a consciência tão tomada pela culpa que não é capaz de atacar. Baixe a guarda! Posso fazer cair sua arma com este reles graveto.

MIRANDA — Por favor, meu pai.

PRÓSPERO — Largue meus trajes, agora!

MIRANDA — Meu senhor, tenha piedade! Responderei por ele.

PRÓSPERO — Silêncio! Uma palavra mais e serei capaz de odiá-la. O quê? Defende um traidor? Quieta! Deve pensar que não há outros como ele, pois só viu Caliban até hoje. Mocinha tola! Para a maioria dos homens é ele o Caliban, ao passo que os outros são anjos diante dele.

MIRANDA — Então meu afeto é extremamente humilde, já que não aspiro ver homens mais belos.

PRÓSPERO — Chega, obedeça-me! Seus nervos voltaram à infância, desprovidos de vigor.

FERDINANDO — É como me sinto. Meu ânimo, como em um sonho, vê-se amarrado. Nem a perda de meu pai, a fraqueza que experimento, o naufrágio de todos os meus amigos ou as ameaças sofridas por este homem não importam se, mesmo na prisão, puder ver esta moça uma vez por dia. Que a liberdade fique com o resto do mundo. Basta-me uma prisão assim.

PRÓSPERO — [*À parte.*] Está funcionando.

[*A Ariel.*]

Venha. Fez um ótimo trabalho.

[*A Ferdinando.*]

Siga-me.

[*A Ariel.*]

Ouça o que vai fazer.

MIRANDA   Não se preocupe. Meu pai tem uma natureza melhor do que a que apresenta em seu discurso. Tudo o que vem fazendo é fora do comum.

PRÓSPERO   [*A Ariel.*] Você ficará livre como os ventos nas montanhas. Mas deve fazer exatamente o que lhe ordenei.

ARIEL   Palavra por palavra.

PRÓSPERO   Venha. Siga-me. Não o defenda.

[*Saem do palco.*]

ATO II

CENA I.
OUTRA PARTE DA ILHA.

[*Entram Alonso, Sebastião, Antônio, Gonzalo, Adrian, Francisco e outros.*]

GONZALO   Alegre-se, meu senhor, por favor. Todos temos motivo de alegria, pois o que se salvou vai muito além das perdas que sofremos. Nossa dor é banal. Diariamente, as mulheres de marinheiros e os Mestres dos mercadores — e até mesmo estes — sofrem dores parecidas. Porém apenas um em um milhão pode dizer que se salvou como nós. Meu bom senhor, ponha na balança nossos pesares e nossas consolações.

ALONSO   Por favor, deixe-me em paz.

SEBASTIÃO   A consolação, para ele, é um prato que se come frio.

ANTÔNIO   Mas tal visitante não há de desistir.

SEBASTIÃO   Veja, suas ideias já começam a pulsar. Em pouco tempo, a melodia há de soar.

GONZALO   Senhor...

SEBASTIÃO   Hm... Diga.

GONZALO   Quando toda dor é cultivada, quem a cultiva recebe...

SEBASTIÃO   Apenas dó.

Gonzalo	Sim, é a dor que recebe. O senhor disse melhor do que pretendia.
Sebastião	E o senhor entendeu com mais sabedoria o que disse eu.
Gonzalo	[*A Alonso.*] Portanto, meu senhor...
Antônio	Ah! Como desperdiça suas palavras!
Alonso	Rogo que me poupe.
Gonzalo	Já o fiz. Mas...
Sebastião	Ele vai falar.
Antônio	Vamos apostar qual dos dois — ele ou Adrian — será o primeiro a matraquear?
Sebastião	O galo velho.
Antônio	O garnisé.
Sebastião	Feito. O que apostamos?
Antônio	Uma risada.
Sebastião	Combinado!
Adrian	Embora esta ilha pareça deserta...
Sebastião	Rá, rá, rá! Então, perdeu!
Adrian	...inabitada e quase inacessível...
Sebastião	Ainda assim...
Adrian	Ainda assim...
Antônio	Não poderia deixar de notá-la.
Adrian	Mas deve ser doce, suave, de uma delicada temperança.
Antônio	A temperança é uma moça delicada.

SEBASTIÃO	Sim, e muito sutil, como ele mesmo disse com muita sabedoria...
ADRIAN	Aqui, o ar passa por nós com muita doçura.
SEBASTIÃO	Como se tivesse pulmões. Pulmões podres.
ANTÔNIO	Ou como se fosse perfumado por um charco.
GONZALO	Tudo aqui beneficia a vida.
ANTÔNIO	É verdade. Mas não a sobrevivência.
SEBASTIÃO	Disso, há nada, ou muito pouco.
GONZALO	Como é exuberante e luxuriante a relva! Como é verde!
ANTÔNIO	O chão, no entanto, é bastante amarelado.
SEBASTIÃO	Com quase nada de verde.
ANTÔNIO	Não está perdendo muito.
SEBASTIÃO	Não, entretanto se confunde completamente com a verdade.
GONZALO	Mas o que há de singular nisso... O que, na verdade, é quase inacreditável...
SEBASTIÃO	Como tudo que é singular...
GONZALO	...é que nossas roupas, mesmo tendo sido encharcadas no mar, ainda retenham seu frescor e brilho, parecendo recém-tingidas, e não manchadas pela água salgada.
ANTÔNIO	Se apenas um de seus bolsos pudesse falar, será que não mentiria?
SEBASTIÃO	Sim, ou falsamente embolsaria seu relato.
GONZALO	Acredito que nossos trajes pareçam tão novos quanto no dia em que os vestimos pela primeira

vez, na África, para o casamento de Claribel, a bela filha do monarca, com o rei de Túnis.

SEBASTIÃO Foi um lindo casamento, e nosso retorno também foi afortunado.

ADRIAN Túnis nunca fora agraciada com uma rainha tão exemplar.

GONZALO Não desde a época da viúva Dido[15].

ANTÔNIO Viúva? Maldita seja! De onde apareceu essa viúva? Viúva Dido?

SEBASTIÃO E se ele tivesse dito "o viúvo Eneias" também? Bom Deus, haja paciência!

ADRIAN A "viúva Dido"... Foi isso que disse? Deixe-me refletir no assunto... Ela era de Cartago, não de Túnis.

GONZALO Meu senhor, a tal Túnis se chamava Cartago no passado.

ADRIAN Cartago?

GONZALO Eu lhe garanto, Cartago.

SEBASTIÃO Suas palavras têm mais efeito do que a miraculosa harpa. Ele construiu as muralhas, e as casas também.

ANTÔNIO Que outra questão impossível ele vai tornar fácil a seguir?

SEBASTIÃO Penso que carregará esta ilha no bolso até sua casa, ofertando-a ao filho, como uma maçã.

ANTÔNIO E, deixando cair as sementes no mar, criará mais ilhas.

---

15 Dido (assim como Eneias, citado logo depois) é uma das personagens principais do romance épico "Eneida", do poeta romano Virgílio (70 a.C.-19 a.C.). (N. do T.)

GONZALO — Sim.

ANTÔNIO — Ora, já não é sem tempo.

GONZALO — Meu senhor, estávamos falando de como nossos trajes parecem tão novos agora quanto na época em que fomos a Túnis, no casamento de sua filha, que hoje é rainha.

ANTÔNIO — A mais singular que lá existiu.

SEBASTIÃO — Peço-lhe que não mencione mais a viúva Dido.

ANTÔNIO — Ah, a viúva Dido! Ai, a viúva Dido.

GONZALO — Meu senhor, não é verdade que meu casaco está tão novo quanto no dia em que o estreei? De certa forma, quero dizer.

ANTÔNIO — Essa "forma" foi muito bem dita.

GONZALO — Como quando o usei no casamento de sua filha.

ALONSO — Essas palavras todas entopem meus ouvidos e se chocam contra o ventre de meus sentidos. Quem dera nunca tivesse casado minha filha por lá! Pois, ao voltar, perdi meu filho e, da mesma maneira, também ela, já que vive tão longe da Itália que não tornarei a vê-la. Ah, meu herdeiro, e também herdeiro de Nápoles e de Milão, a que estranho peixe serviu você de refeição?

FRANCISCO — Meu senhor, talvez ele ainda viva. Vi-o se debater contra as ondas e cavalgá-las. Atacava as águas, afastando o inimigo a peito aberto, enfrentando as vagas que quase o engoliam. Mantinha sempre a cabeça acima do rude mar e, usando os braços fortes como remos, rumou para a costa, que parecia recebê-lo com reverência.
Não duvido que tenha chegado vivo à terra.

ALONSO   Não, não... Ele se foi.

SEBASTIÃO   Meu senhor, deve agradecer somente a si mesmo por tal perda. Por não ter abençoado nossa Europa com sua filha, preferindo entregá-la a um africano. Foi ela a banida de seus olhos que, neste caso, têm motivo para pranto.

ALONSO   Rogo-lhe que me deixe em paz.

SEBASTIÃO   Todos lhe imploramos de joelhos e a nossa própria alma pesou muito entre o desespero e a obediência. Temo que seu filho esteja realmente perdido para sempre. Milão e Nápoles ganharam mais viúvas com esta viagem do que os homens que retornam para confortá-las. A culpa é sua.

ALONSO   E minha também a maior perda.

GONZALO   Caro lorde Sebastião, falta gentileza e ocasião à sua verdade. Está abrindo a ferida, em vez de lancetá-la.

SEBASTIÃO   Muito bem.

ANTÔNIO   Como o pior dos cirurgiões.

GONZALO   [*A Alonso.*] O mau tempo afeta todos nós, meu bom senhor, quando se encontra nebuloso.

SEBASTIÃO   [*À parte, a Antônio.*] Mau tempo?

ANTÔNIO   [*À parte, a Sebastião.*] Tenebroso.

GONZALO   Ah, meu senhor, se essa ilha fosse minha plantação...

ANTÔNIO   [*À parte, a Sebastião.*] Ele a semearia com urtigas.

SEBASTIÃO   [*À parte, a Antônio.*] Ou azedinhas, ou mesmo malvas.

GONZALO   E sendo dela o rei, o que faria você?

SEBASTIÃO   [*À parte, a Antônio.*] Ficaria sóbrio,
por não haver vinho.

GONZALO   Para o bem de todos, faria tudo ao contrário.
Não admitiria nenhum comércio, nem
magistrados. Ninguém conheceria as letras.
Riqueza, pobreza, serviços, nada disso.
Nem contratos, sucessões, fronteiras, cercas,
lavras, vinhas, nada disso. Não se usaria metais,
milho, óleo ou vinho. Nada de profissões, todos
os homens viveriam no ócio. E as mulheres
também, mas sempre puras e inocentes.
E tampouco haveria soberania...

SEBASTIÃO   [*À parte, a Antônio.*] Ainda assim, seria ele o rei.

ANTÔNIO   [*À parte, a Sebastião.*] Os fins do bem de todos
esqueceram do começo.

GONZALO   Todas as coisas seriam fornecidas pela
natureza, sem suor ou esforço.
Traição, crimes, espadas, lanças, facas, armas,
engenhos — nada disso seria necessário.
Para alimentar meu povo inocente,
tudo viria em abundância da natureza.

SEBASTIÃO   [*À parte, a Antônio.*] Sem
casamento entre os súditos?

ANTÔNIO   [*À parte, a Sebastião.*] Não, meu bom homem.
Todos no ócio, meretrizes e cafajestes.

GONZALO   Eu governaria com tanta perfeição, meu
senhor, que excederia à Idade do Ouro.

SEBASTIÃO   Que Deus salve Sua Majestade!

ANTÔNIO   Longa vida a Gonzalo!

GONZALO   E... Ainda me ouve, senhor?

ALONSO Por favor, chega. Não me diga mais nada.

GONZALO Acredito em Sua Alteza. Apenas falei para passar o tempo desses dois cavalheiros, com pulmões tão sensíveis e ágeis que usam-no para rir de nada.

ANTÔNIO Era de você que ríamos.

GONZALO Que, nesse tipo de tolices joviais, não represento nada. Pois podem continuar a rir de nada.

ANTÔNIO Que belo truque!

SEBASTIÃO E não foi desperdiçado!

GONZALO Os senhores são cavalheiros de bravo metal. Seriam capazes de tirar a Lua de sua órbita se ela ficasse imóvel por cinco semanas.

[*Entra Ariel, invisível, tocando uma música solene.*]

SEBASTIÃO Não só a tiraríamos, como usaríamos sua luz para caçar morcegos.

ANTÔNIO Ah, meu bom senhor, não se zangue.

GONZALO Não se preocupe. Não arriscarei minha discrição por motivos tão fracos. Já sinto a cabeça pesar. Será que seu riso me embalou?

ANTÔNIO Pode dormir à vontade com nosso falar.

[*Todos dormem, à exceção de Alonso, Sebastião e Antônio.*]

ALONSO O quê? Mas tão rápido assim? Quem dera meus pensamentos cessassem com o fechar de meus olhos... Parecem querer fazê-lo.

SEBASTIÃO	Por favor, meu senhor, não fuja do torpor oferecido. Faz-se raro na tristeza e, quando acontece, é um consolo.
ANTÔNIO	Nós dois, meu senhor, vamos velar seu descanso e cuidar de sua segurança.
ALONSO	Obrigado. Já estou muito atordoado.

[*Alonso dorme. Sai Ariel.*]

SEBASTIÃO	Que estranha sonolência tomou conta de todos.
ANTÔNIO	É esse clima tão diferente.
SEBASTIÃO	Ora, então por que também não cerra nossas pálpebras? Não tenho vontade de dormir.
ANTÔNIO	Eu, tampouco. Meu espírito continua alerta. Adormeceram todos ao mesmo tempo, como em um acordo, caindo como um raio. Que poder é esse, nobre Sebastião? Que poder é esse?... Basta!... Ainda assim, acredito poder vê-lo em seu rosto. A ocasião fala por si, e imagino uma coroa caindo de sua cabeça.
SEBASTIÃO	O quê? Está acordado?
ANTÔNIO	Não está me ouvindo falar?
SEBASTIÃO	Sim, mas certamente me fala a língua dos que dormem, vinda de seus sonhos. O que acaba de me dizer? Que estranho repouso com os olhos abertos, andando, falando, movendo-se e, ainda assim, dormindo a sono solto.
ANTÔNIO	Meu nobre Sebastião, é você quem deixa sua fortuna dormir — ou melhor, morrer — fechando seus olhos despertos.

SEBASTIÃO	Agora, ronca com distinção. Mas há sentido em seus roncos.
ANTÔNIO	Estou mais sério do que é meu costume. E do mesmo modo deve me ouvir, pois ao fazê-lo, me ouvirá três vezes.
SEBASTIÃO	Pois bem, vou ouvi-lo como água parada.
ANTÔNIO	Devo, pois, ensiná-lo a agir ao sabor das marés.
SEBASTIÃO	Mas o ócio que herdei já me ensinou a fazê-lo.
ANTÔNIO	Ah, se você soubesse o quanto ama a ideia, ainda que zombe dela! E acaba por valorizá-la ao fazer pouco. Homens que se comportam de acordo com a maré, na verdade, gostam de atuar na maré baixa simplesmente por medo ou preguiça.
SEBASTIÃO	Por favor, fale mais. Seus olhos e rosto revelam que o assunto é sério. De fato, parece-me abarcar ideias muito mais duras.
ANTÔNIO	Pois então, meu senhor. Embora este seu lorde se lembre-se de pouca coisa — e de quem, por sua vez, ninguém se lembrará depois da morte — ele é muito capaz de persuadi-lo, e apenas isso quer fazer, convencendo o rei de que seu filho ainda vive. É tão impossível que ele não tenha se afogado quanto que os que dormem venham a nadar.
SEBASTIÃO	Não tenho esperanças de que ainda viva.
ANTÔNIO	Ah, e essa "falta de esperanças" é que o faz esperar! O não crer é apenas outra forma de ter crenças ainda maiores, tão grandes que sequer a ambição é capaz de entrever o que há além. Acredita, então, que Ferdinando se afogou?
SEBASTIÃO	Já partiu.

Antônio — Então, diga-me: quem há de herdar Nápoles?

Sebastião — Claribel.

Antônio — Aquela que é rainha de Túnis e reside a dez léguas além da morada dos homens. Aquela que só seria capaz de ter notícias pelo sol — já que a Lua é muito lenta — depois que o queixo de um bebê começasse a ter barba. Aquela por quem fomos quase engolidos pelo mar, embora alguns tenham sido resgatados pelo destino para relatar o prólogo do que se passou e o que o futuro nos reserva.

Sebastião — Do que está falando? A verdade é que minha sobrinha é rainha de Túnis e herdeira de Nápoles, e as duas regiões são separadas por algum espaço...

Antônio — Espaço que parece gritar, a cada metro: "Por que haveria Claribel de voltar para nós em Nápoles? Que fique em Túnis! E que Sebastião desperte!". Mesmo que a morte os afetasse, não estariam piores do que agora. E há em Nápoles quem possa reinar tão bem quanto os que dormem e lordes capazes de tagarelar tão inutilmente quanto Gonzalo. Eu mesmo poderia fazer uma gralha falar com a mesma seriedade que ele.
Ah, se você tivesse uma mente como a minha! Como poderia se beneficiar de tal sono. Entende o que quero dizer?

Sebastião — Creio que sim.

Antônio — E como pensa então em lidar com sua sorte?

Sebastião — Lembro-me de quando o senhor destronou seu irmão Próspero.

ANTÔNIO   É verdade. E veja agora como me caem bem as
           novas vestes, ainda melhor do que antes. Homens
           que serviam meu irmão eram meus iguais.
           Agora, são meus servos.

SEBASTIÃO Mas, e sua consciência?

ANTÔNIO   Meu senhor, onde fica ela? Se fosse uma frieira,
           meu pé doeria; mas essa dor não me aflige o
           peito. Se houvesse vinte delas entre Milão e
           eu, derreteriam em meio ao fogo antes de me
           incomodar! Eis aí seu irmão, em nada melhor
           do que a terra onde se deita se estivesse morto,
           como aparenta estar. Poderia muito bem, com
           dez centímetros de aço, fazê-lo adormecer para
           sempre, ao passo que um gesto seu, de igual
           poder, encaminharia para o sono eterno este
           velho pedaço de carne, este senhor Prudência,
           que sequer seria capaz de recriminá-lo.
           Quanto aos outros, aceitam o que lhes dizem
           como um gato aceita o leite e, como um
           relógio, repetem as horas que indicamos.

SEBASTIÃO Seu caso, meu caro amigo, será meu precedente.
           Assim como tem Milão, terei eu Nápoles. Tome
           sua espada: um único golpe o livrará do tributo
           que deve pagar e ainda lhe trará um rei amigo.

ANTÔNIO   Tomemos da espada juntos! E, quando
           levantar meu braço, faça o mesmo
           para atacar Gonzalo.

SEBASTIÃO Ah, só mais uma palavra.

[*Falam à parte. Entra
novamente Ariel, invisível.*]

A Tempestade

ARIEL — Meu Mestre bem que previu esse risco por que
passaria seu amigo. Enviou-me aqui, então,
para que ele viva... Caso contrário, o plano
vai por água abaixo.

[*Canta no ouvido de Gonzalo.*]

Enquanto aqui se deita, roncando,
Alerta, a conspiração vai se levantando.
Se a viver quer continuar,
Fará bem em acordar.
Desperte! Desperte!

ANTÔNIO — Sejamos rápidos, então.

GONZALO — E agora, bons anjos, protejam o rei.

[*Todos despertam.*]

ALONSO — O que acontece agora? Estão acordados? E com a espada em punho? Por que esse semblante terrível?

GONZALO — O que houve?

SEBASTIÃO — Enquanto vigiávamos seu repouso, ouvimos agora há pouco uns berros roucos, parecendo vir de touros ou leões. Não lhes fizeram acordar? Recaíram em meus ouvidos de modo aterrador.

ALONSO — Não ouvi nada.

ANTÔNIO — Mas era barulho suficiente para assustar um monstro, causar um terremoto! Certamente era o urro de uma alcateia de leões.

ALONSO — Ouviu alguma coisa, Gonzalo?

GONZALO — Dou-lhe minha palavra, meu senhor, de que ouvi um sussurro bastante estranho, e foi isso

que me despertou. Sacudi-o e gritei, pois, ao
abrir os olhos, vi as espadas desembainhadas.
Ouvi algo, é verdade. É melhor montar
guarda ou simplesmente sair deste lugar.
Tomemos nossas espadas!

ALONSO Vamos partir, então, e continuar as buscas
por meu pobre filho.

GONZALO E que os céus o protejam das feras que
certamente rondam esta ilha.

ALONSO Vá na frente.

ARIEL Meu Mestre Próspero há de saber o que
acabo de fazer. E assim o rei, são e salvo, vai
procurar o filho.

[*Saem de cena.*]

CENA II.
OUTRA PARTE DA ILHA.

[*Entra Caliban com uma carga de lenha.
Ouve-se um trovão.*]

CALIBAN Que todas as infecções que o sol suga dos
brejos, charcos e lixos recaiam sobre Próspero,
tornando-o a própria doença! Seus espíritos me
ouvem e, ainda assim, preciso praguejar. Não
chegam a me beliscar, assustar-me com ouriços
do mar ou meu próprio reflexo, sequer me atiçam
com tochas pelas trevas para que eu me perca

— a não ser que ele ordene. Mas, por qualquer coisa, atacam-me. Ora se fazem de macacos, falando sem parar, correndo atrás de mim e me mordendo, ora são como porcos-espinho, lançando seus agulhões no caminho por onde piso descalço, ora se enrolam em meu corpo como cobras, sibilando em meus ouvidos até a loucura.

[*Entra Trínculo.*]

Olhem só, olhem! Aí vem um de seus espíritos para me atormentar por não lhe trazer a lenha com toda a pressa. Vou me deitar no chão, talvez não me ache aqui.

TRÍNCULO   Aqui não há mato nem arbusto que nos proteja do tempo — e outra tempestade está se formando, ouço-a cantando ao vento. Aquela nuvem negra, enorme, parece um barril prestes a entornar seu líquido. Se voltar a trovejar como antes, não saberei onde enfiar minha cabeça, pois aquela nuvem vai derramar tudo a um só golpe. O que temos aqui? Um homem ou um peixe? Está morto ou vivo? É um peixe: cheira a peixe, a coisa velha, a pescada estragada. Que peixe mais esquisito! Se eu estivesse na Inglaterra, como antes, e mandasse pintar essa espécie, nem mesmo um tolo forasteiro seria capaz de oferecer uma moeda de prata por essa pintura. Entre os ingleses, esse monstro tornaria qualquer homem famoso — não são capazes de dar um vintém a um mendigo, mas desperdiçam dez moedas parar ver um índio morto. Tem pernas como um homem, e suas nadadeiras parecem braços! Pois está até mesmo quente! Vou dar asas à imaginação agora:

não é peixe, e sim um ilhéu que acaba de ser
atingido por um raio.

[*Som de um trovão.*]

Ai de mim, lá vem a tempestade mais uma vez!
É melhor me proteger debaixo de sua capa, já que
não há outro abrigo por perto. A miséria nos traz
companheiros de cama dos mais esquisitos. Vou
me cobrir aqui mesmo até que passem os últimos
vestígios da tempestade.

[*Entra Estéfano cantando, com
uma garrafa na mão.*]

ESTÉFANO   Não vou mais para o mar, o mar, devo morrer
aqui na praia... Essa canção é muito ordinária
para se cantar no enterro de um homem...
[*Bebe.*] Bom, eis meu consolo.

[*Canta.*]

Mestre e contraMestre encontramos
O canhoneiro, toda a turma e eu.
Mara, Maria e Mariana amamos,
Mas com Joana ninguém se deu.
Pois tinha uma língua de amargar,
E mandava toda a gente se afogar!
Não gostava do cheiro de breu e alcatrão,
Mas do alfaiate gostava de um beliscão.
Ao mar, amigos, ela que se afogue!

Essa também é bem ordinária...
Bom, eis meu consolo. [*Bebe.*]

CALIBAN Não me atormente! Ai!

ESTÉFANO O que se passa? Que diabos temos aqui? Querem nos pregar peças com selvagens e índios? Não escapei de me afogar para ter medo de suas quatro pernas, pois já ouvi dizer que não se deve recuar diante de um homem que ande sobre quatro pernas. E vão repeti-lo enquanto Estéfano ainda respirar.

CALIBAN O espírito me atormenta. Ai!

ESTÉFANO Trata-se de algum monstro da ilha com quatro pernas que, pelo que vejo, arde em febre. Onde diabos será que aprendeu nossa língua? Só por isso, vou lhe oferecer algum alívio. Se conseguir curá-lo, domesticá-lo e levá-lo a Nápoles, poderei oferecê-lo como presente a qualquer imperador que já tenha pisado em couro bovino.

CALIBAN Por favor, não me atormente. Levarei a lenha mais depressa.

ESTÉFANO Parece estar tendo um ataque, e não fala coisa com coisa. Vou deixar que prove de minha garrafa: se nunca bebeu antes, deve lhe cessar o ataque. Se conseguir curá-lo e domá-lo, não vou pedir muito por ele. Quem quiser levá-lo que pague o que quiser, contanto que pague direitinho.

CALIBAN Até agora, só me machucou um pouco. Mas logo virá mais, sua tremedeira me indica: isso é Próspero atuando em você.

Estéfano	Controle-se e abra a boca. Isto aqui vai soltar sua língua, bichano. Abra a boca: isto vai arrepiar seus arrepios, estou dizendo! E com que força! Não vai saber dizer quem é seu amigo. Abra a matraca mais uma vez.
Trínculo	Eu acho que conheço essa voz... Talvez seja... Mas ele se afogou, só há demônios por aqui... Que os céus me protejam!
Estéfano	Quatro pernas e duas vozes: que monstro mais encantador! A voz da frente serve para falar bem dos amigos, a voz de trás, para praguejar e difamar. Se todo o vinho da minha garrafa curá-lo, darei um jeito em sua febre. Vamos logo! Amém! Vou despejar um pouco mais em sua outra boca.
Trínculo	Estéfano!
Estéfano	Sua outra boca está me chamando? Misericórdia, misericórdia! Isso é um demônio, e não um monstro. Vou abandoná-lo aqui, não quero me misturar com essas coisas.
Trínculo	Estéfano! Se é Estéfano, fale comigo, toque em mim. Sou eu, Trínculo — não tenha medo — sou seu grande amigo Trínculo.
Estéfano	E se é Trínculo, venha mais perto. Vou puxá-lo pelas pernas curtas... Se algumas dessas pernas pertencem a Trínculo, devem ser estas. É realmente Trínculo! Como se tornou assento deste monstro? Será que ele defeca Trínculos?
Trínculo	Pensei que tinha sido morto por um raio. Você não se afogou, Estéfano? Agora espero realmente que não tenha se afogado! Já acabou a

A Tempestade

tempestade? Tive tanto medo da tempestade que me escondi debaixo da capa deste monstro. Então está vivo, Estéfano? Ah, Estéfano, então dois napolitanos escaparam!

ESTÉFANO Por favor, não me vire. Meu estômago ainda não está muito bom.

CALIBAN [*À parte.*] Essas coisas — se não são espíritos — são muito boas. Trata-se de um deus muito destemido, e carrega um licor celestial.
Vou me ajoelhar diante dele.

ESTÉFANO Como você escapou? Como chegou aqui? Jure por esta garrafa como chegou até aqui. Eu escapei em um barril de vinho branco que um dos marinheiros jogou no mar, juro por esta garrafa, que fiz com a casca de um árvore, com minhas próprias mãos, depois que cheguei à praia.

CALIBAN Juro, por essa garrafa, ser seu súdito fiel — pois esse licor não é deste mundo.

ESTÉFANO Toma aqui. Conta então, como escapou.

TRÍNCULO Nadei até a praia, homem. Como um pato, juro que sei nadar como um pato.

ESTÉFANO Aqui, beije o livro. [*Passa-lhe a garrafa.*] Embora saiba nadar como um pato, parece-se mais com um ganso.

TRÍNCULO Ah, Estéfano, ainda tem mais bebida?

ESTÉFANO Um barril inteiro, homem. Minha adega se encontra em uma pedra na praia, onde escondi meu vinho. O que é agora, monstrengo? Como está a febre?

CALIBAN Por acaso o senhor caiu do céu?

145

ESTÉFANO	Caí da lua, posso lhe garantir: era o senhor da Lua há algum tempo.
CALIBAN	Já o vi por lá, e certamente o adoro. Minha mãe me mostrou o senhor, seu cachorro e seu graveto.
ESTÉFANO	Vamos, jure, beije o livro. Daqui a pouco, vou enchê-la novamente.
TRÍNCULO	Pela luz que me ilumina, esse é um monstro muito ingênuo! E cheguei a ter medo dele! Que monstro mais fracote! Senhor da lua! Esse monstro acredita em tudo. E o monstro bebeu com vontade, verdade seja dita.
CALIBAN	Vou lhe mostrar todos os cantos férteis desta ilha e beijarei seus pés. Por favor, seja o meu deus.
TRÍNCULO	Pela luz que me ilumina, que monstro pérfido e bêbado! Quando seu deus dormir, ele certamente lhe roubará a garrafa.
CALIBAN	Beijo seus pés, juro que serei seu súdito.
ESTÉFANO	Então, venha. Abaixe-se e jure.
TRÍNCULO	Vou morrer de rir com esse filhote de monstro. Que monstrinho ordinário! Poderia até mesmo lhe dar uma bela sova...
ESTÉFANO	Venha. Beije.
TRÍNCULO	Mas esse pobre monstro está bêbado. Que monstro abominável!
CALIBAN	Vou lhe mostrar as melhores fontes, colherei frutas, pescarei e carregarei lenha para o senhor. Que uma peste recaia sobre o tirano que sirvo! Não vou levar mais lenha para ele, só para o senhor, um homem tão maravilhoso!

A Tempestade

TRÍNCULO Que monstro ridículo, achando maravilhoso esse pobre bêbado!

CALIBAN Por favor, deixe-me lhe mostrar onde há caranguejos. Com minhas longas unhas poderei cavar coquinhos para o senhor. Sei onde há ninhos de gaios e posso lhe ensinar a apanhar os miquinhos mais ligeiros. Posso colher montes de avelãs e, às vezes, sou capaz de capturar passarinhos escondidos entre as rochas.
O senhor irá comigo?

ESTÉFANO Mostre-me então o caminho, e chega de conversa. Meu caro Trínculo, o rei e todos os nossos companheiros se afogaram e acabamos por herdar este lugar. Tome, carregue minha garrafa. Camarada Trínculo, em breve a encheremos novamente.

CALIBAN [*Canta, bêbado.*] **Adeus, Mestre, adeus, adeus!**

TRÍNCULO Um monstro que uiva! E bêbado!

CALIBAN [*Cantando.*]

Chega de armadilhas pra peixes,
Ou ser obrigado a juntar lenha,
Chega de servir e lavar pratos!
Ban, ban, Caliban tem novo Mestre, novo amo!
Viva a liberdade! Viva a liberdade!
Liberdade, viva, viva!

ESTÉFANO Ó, bravo monstro, mostre logo o caminho!

[*Saem de cena.*]

ATO III

CENA I.
DIANTE DA CELA DE PRÓSPERO.

[*Entra Ferdinando, carregando lenha.*]

FERDINANDO O esforço que se faz em certas atividades tem sua paga no prazer; quando se cumpre a humilhação com nobreza, muitos vis começos apontam para ricos fins. Esta tarefa tem o peso do ódio, mas àquela a quem sirvo dá vida aos mortos e torna o suor agradável. Ah, ela é dez vezes mais gentil do que seu rude pai, que é pura grosseria. Sou obrigado a carregar milhares de toras e empilhá-las sob a ameaça de contemplar o choro de minha amada ao me ver trabalhando, pois diz ela acreditar que alguém como eu nunca se submeteu a tamanha humilhação. Acabo me esquecendo do trabalho, já que pensar nela adoça minha dor e me esforço ainda mais nela pensando.

[*Entra Miranda. Entra também Próspero, a certa distância, sem que Miranda o veja.*]

MIRANDA Ora, trabalhe menos, eu lhe rogo! Preferiria que os raios tivessem queimado toda a lenha que deve empilhar! Por favor, pare e descanse. Quando a lenha arder, cairá em pranto por lhe ter cansado tanto. Meu pai está estudando —

	venha descansar, por favor. Ele nunca se ocupa por menos de três horas.
FERDINANDO	Ah, minha caríssima amada, o sol há de se pôr antes que eu faça tudo que preciso.
MIRANDA	Mas se sentar-se por um instante, carregarei a lenha. Dê-me isso, levarei essa parte até a pilha.
FERDINANDO	Não, minha preciosa criatura. Prefiro romper meus tendões e quebrar minhas costas a vê-la se desonrar de tal forma enquanto eu me sento à toa.
MIRANDA	A desonra seria tão minha quanto é sua. E eu o faria com muito mais desembaraço, já que me proponho a fazê-lo, ao contrário de você.
PRÓSPERO	Que coitadinha, já está perdida! Esta conversa já dá mostras disso.
MIRANDA	Parece cansado!
FERDINANDO	Não, minha nobre amada. Para mim, a noite se transforma em amanhecer se a tenho a meu lado. Mas lhe imploro — de modo a colocá-lo em minhas orações — que me diga seu nome!
MIRANDA	Miranda... Ah, meu pai, fui contra sua ordem de não revelá-lo!
FERDINANDO	Admirada Miranda! Sumo de toda admiração! Mais valiosa do que todos os tesouros do mundo! Já avistei muitas damas com bela aparência e muitas vezes a harmonia da voz delas aprisionou meus ouvidos atentos. E também já gostei de muitas mulheres por variadas qualidades, mas sempre encontrava em sua alma um defeito que disputava mesmo a maior de suas graças, destruindo-as todas. Mas você, ah, você, tão perfeita e tão ímpar, foi criada com o melhor de cada criatura!

MIRANDA Não conheço ninguém do meu sexo, nem me
lembro do rosto de nenhuma mulher além daquela
que vejo em meu espelho. Tampouco vi a quem possa
chamar de homem, meu bom amigo, além de você
e meu querido pai. Não sei dizer qual o aspecto das
outras pessoas que há além daqui, mas, por minha
modéstia — a joia do meu dote — não desejaria outro
além de você como companhia neste mundo, nem
posso imaginar outra figura além da sua para gostar.
Mas estou tagarelando como uma tola e acabo por
esquecer dos preceitos de meu pai.

FERDINANDO Minha Miranda, sou um príncipe e, creio eu,
posso até mesmo já ser rei. Quem dera não o fosse!
A mim, servir como catador de lenha é como ter
a boca cheia de moscas — eis o que se passa em
minha alma. Contudo, no instante em que a vi,
meu coração pôs-se a seu serviço, e sua morada
é lhe servir, ser seu escravo. E, por você, carrego
pacientemente estas toras.

MIRANDA Você me ama?

FERDINANDO Ó, céu, ó, terra, sejam testemunhas, e coroem com
todas as bênçãos o que professo, caso seja verdade!
Se, ao contrário, falar mentiras, que todo mal recaia
sobre mim! Eu a amo, prezo e honro, além de
quaisquer limites do que há no mundo.

MIRANDA Sou tão tola que choro estando alegre.

PRÓSPERO Que belo encontro das duas mais raras afeições!
Que os céus abençoem o que juntos criarem!

FERDINANDO Por que está chorando?

MIRANDA Pela falta de capacidade de lhe oferecer o que desejo
dar, e de aceitar o que tanto quero.

Quanta tolice — o que mais se procura esconder mais se mostra. Que maçada! Que minha inocência, tão simples e santa, ajude-me! Sou sua esposa, se quiser me desposar; se não quiser, morrerei sua serva. Pode me negar ser sua semelhante, mas irei lhe servir, quer queira, quer não.

FERDINANDO Minha caríssima amada, serei eu seu humilde servo.

MIRANDA Meu marido, então?

FERDINANDO Sim, meu coração quer sê-lo tanto quanto um escravo deseja ser livre. Eis minha mão.

MIRANDA E eis a minha, assim como meu coração. E agora, adeus! Nós nos veremos em meia hora.

FERDINANDO Mil vezes adeus!

[*Saem Ferdinando e Miranda, separados.*]

PRÓSPERO Não poderia estar tão feliz quanto eles, de tão surpreendido com tudo isso. Nada me alegraria tanto. Mas vamos ao livro. Até a hora da ceia tenho muitas coisas importantes a fazer.

[*Sai de cena.*]

CENA II.
EM OUTRA PARTE DA ILHA.

[*Entram Caliban, Estéfano e Trínculo.*]

ESTÉFANO Não me diga nada. Quando o barril acabar, tomaremos água. Mas não beberemos

	uma gota antes de içar e atracar. Criado-monstro, beba em minha honra!
Trínculo	Criado-monstro! A loucura desta ilha! Dizem haver apenas cinco pessoas no total: nós somamos três, se os dois restantes forem tão inteligentes quanto nós, o Estado cairá em ruínas.
Estéfano	Beba como mando, criado-monstro: seus olhos estão quase no lugar certo da cabeça.
Trínculo	E onde deveriam estar? Seria um monstro bravo de verdade, se fossem parar na cauda.
Estéfano	Meu homem-monstro afogou a língua no vinho. De minha parte, nem o mar é capaz de me afogar: nadei até chegar à praia, umas vinte e cinco léguas, contando as paradas. Por essa luz que brilha no céu, você será meu tenente, ó monstro, ou meu porta-bandeira.
Trínculo	Será um melhor tenente, já que não é capaz de portar nada.
Estéfano	Não havemos de correr, *monsieur* Monstro.
Trínculo	E muito menos andar. Vai fazer como os cachorros, deitar-se e não dizer nada.
Estéfano	Monstrengo, fale ao menos uma vez na vida, se é um belo de um monstrengo.
Caliban	Como anda a sua honra? Deixe-me lamber seus sapatos! A ele eu não sirvo, ele não é bravo.
Trínculo	Está mentindo, monstro ignorantíssimo! Tenho condições de enfrentar o guardião de um castelo. Ora, seu peixe debochado, por acaso algum covarde já chegou a beber tanto quanto bebi hoje? E vem você nos contar uma

	mentira monstruosa como essa, sendo metade peixe e metade monstro!
CALIBAN	Veja só como faz pouco de mim! O senhor vai deixar, meu lorde?
TRÍNCULO	"Lorde", diz ele! Como pode um monstro ser tão idiota?
CALIBAN	Veja, veja, de novo! Por favor, mate-o a dentadas!
ESTÉFANO	Trínculo, contenha sua língua! Se der uma de amotinado, à forca! O pobre monstro é meu súdito e não há de sofrer indignidades.
CALIBAN	Agradeço-lhe, meu nobre lorde. O senhor me fará o favor de se atentar uma vez mais ao pedido que lhe fiz?
ESTÉFANO	Com prazer. Ajoelhe-se e repita. Escutaremos tudo de pé, Trínculo e eu.

[*Entra Ariel, invisível.*]

CALIBAN	Como já lhe disse antes, sou súdito de um tirano, de um feiticeiro que, com suas trapaças, roubou-me esta ilha.
ARIEL	Você está mentindo.
CALIBAN	É você quem mente, seu macaco gozador. Gostaria que meu bravo Mestre o destruísse! Não estou mentindo.
ESTÉFANO	Trínculo, se continuar a atrapalhar o relato, vou arrancar alguns de seus dentes com esta mão.
TRÍNCULO	Ora, não disse nada.
ESTÉFANO	Quieto, então. Chega!

[*A Caliban.*]

Prossiga.

CALIBAN Como dizia, conseguiu esta ilha por meio de mágica, roubando-a de mim. E se Sua Grandeza conseguir me vingar — como sei que é capaz... Mas essa coisa aí, não...

ESTÉFANO Isso é certo.

CALIBAN Farei-o senhor de tudo, e lhe servirei.

ESTÉFANO Mas como é que isso vai se passar? Você pode me levar à pessoa de quem fala?

CALIBAN Sim, sim, meu lorde. Vou entregá-lo enquanto dorme, para que enfie um prego na cabeça dele.

ARIEL Você está mentindo. Não pode.

CALIBAN Mas que idiota colorido é esse? Tolo miserável! Peço a Sua Alteza que bata nele e lhe retire a garrafa. Sem ela, terá que beber água do mar, pois não vou lhe mostrar onde estão as fontes de água fresca.

ESTÉFANO Trínculo, não procure mais perigo. Se interromper o monstro mais uma vez, enxoto-o daqui com esta mão e ficará mais achatado do que um bacalhau seco.

TRÍNCULO Mas o que fiz eu? Não fiz nada! Vou para lá longe.

ESTÉFANO Você não disse que ele mentia?

ARIEL Você está mentindo.

ESTÉFANO Ah, é? Pois tome essa!

[*Bate em Trínculo.*]

| | Se gostou, diga mais uma vez que estou mentindo. |

| Trínculo | Não falei em mentiras. Está fora do juízo e perdeu a audição também? Ao inferno com sua garrafa! É nisso que dá beber vinho! Que uma peste recaia sobre seu monstro e que o diabo leve seus dedos! |

| Caliban | Rá, rá, rá. |

| Estéfano | Agora, siga com a história. Por favor, fique mais longe. |

| Caliban | Bata bastante nele. Depois, também bato eu. |

| Estéfano | Vá mais longe. Agora, continue. |

| Caliban | Ora, como já lhe disse, ele tem o costume de dormir à tarde. Nessa hora, pode esmagar seu cérebro. Mas, antes, deve lhe roubar os livros. Com uma tora, amasse o crânio dele, triture o estômago ou corte a goela com a faca. Porém deve se lembrar de pegar os livros antes. Sem eles, torna-se um tolo como eu, pois não é capaz de mandar em nenhum espírito, já que todos o odeiam, tanto quanto a mim. Queime os livros. Ele tem excelentes utensílios — é assim que os chama — que pretende usar no dia em que tiver uma casa. Mas o que lhe é mais importante é a beleza da filha. Ele mesmo a chama de inigualável. Nunca vi outra mulher além dela e de Sycorax, minha mãe, entretanto ela supera Sycorax do mesmo modo que o imenso supera o diminuto. |

| Estéfano | É tão linda assim? |

| Caliban | Sim, meu lorde. Asseguro-lhe que honrará sua cama. E lhe gerará belos rebentos. |

A Tempestade

ESTÉFANO   Monstro, matarei esse homem. Ore para que sua filha e eu sejamos rei e rainha, e Trínculo e você serão vice-reis. Gostou do plano, Trínculo?

TRÍNCULO   É excelente.

ESTÉFANO   Dê-me sua mão. Sinto ter batido em você.
Mas, se quiser continuar vivo, feche a matraca.

CALIBAN   Em meia hora ele começa sua soneca.
Vai aniquilá-lo, então?

ESTÉFANO   Sim, dou-lhe minha palavra.

ARIEL   Terei que contar tudo a meu Mestre.

CALIBAN   Muito me alegra, sou um poço de prazer.
Vamos comemorar! Vai entoar o refrão que me ensinou ontem?

ESTÉFANO   Seu pedido é razoável, monstro.
Vamos, Trínculo, vamos cantar!

[*Canta.*]

*Soco neles, zombaria, soco neles,
zombaria. Pensar é livre.*

CALIBAN   Não é essa a música.

[*Entra Ariel, tocando um tambor e uma flauta.*]

ESTÉFANO   O que é isso?

TRÍNCULO   É a melodia de nosso refrão, tocada pelo retrato de Ninguém.

ESTÉFANO   Se você é homem, mostre-se.
Se for um demônio, suma daqui!

TRÍNCULO   Ó, perdoe meus pecados!

ESTÉFANO   Quem morre paga suas faltas.
              Rogo-lhe que tenha piedade de nós!
CALIBAN   Você está com medo?
ESTÉFANO   Não, monstro! Eu, não.
CALIBAN   Não tenha medo, a ilha é cheia de ruídos. Sons, doces árias nos deliciam, mas não causam mal. Às vezes, mil instrumentos ecoam em meus ouvidos. Às vezes, vozes fazem com que eu durma novamente, mesmo depois de um belo cochilo. Nos sonhos, abrem-se nuvens que me mostram riquezas prestes a chover sobre mim. E, quando acordo, choro para tentar sonhar novamente.
ESTÉFANO   Esse será um ótimo reino para mim, onde poderei ter minha música de graça.
CALIBAN   Quando Próspero for destruído.
ESTÉFANO   O que acontecerá muito em breve. Lembro-me de seu relato.
TRÍNCULO   A melodia já vai longe. Vamos segui-la e, depois, fazer nosso trabalho.
ESTÉFANO   Vá na frente, monstro, e nós o seguiremos. Gostaria de conhecer quem toca esse tambor; ele sabe bem o que faz.
TRÍNCULO   Não vai andar? Estou logo atrás, Estéfano.

[*Saem de cena.*]

CENA III.
Outra parte da ilha.

[*Entram Alonso, Sebastião, Antônio, Gonzalo, Adrian, Francisco e outros.*]

GONZALO Virgem Santíssima, não posso dar nem mais um passo, meu senhor. Meus velhos ossos doem. Isso é um labirinto de verdade, cheio de retas e meandros! Por favor, necessito de repouso.

ALONSO Meu velho lorde, não posso condená-lo, já que também estou exausto, e com os ânimos abalados. Sente-se e descanse. Já não tenho mais esperanças, e também a dispenso de minha bajuladora. O que buscamos já se afogou, e o mar zomba de nossa busca frustrada. Bom, que se vá.

ANTÔNIO [*À parte, a Sebastião.*] Fico feliz que tenha perdido a esperança. Não esqueça o objetivo que almeja por um fracasso.

SEBASTIÃO [*À parte, a Antônio.*] Da próxima, iremos até o fim.

ANTÔNIO [*À parte, a Sebastião.*] Que seja à noite então. Pois, de tão cansados da viagem, não será possível manter a mesma vigilância dos que repousaram.

SEBASTIÃO [*À parte, a Antônio.*] À noite. Já chega.

[*Música solene e estranha.*]

ALONSO Que música é essa? Meus bons amigos, ouçam!

GONZALO   Que canção doce e maravilhosa!

[*Entra Próspero, em um nível acima do palco, invisível aos outros. Entram vários vultos estranhos trazendo um banquete, dançando ao redor dos objetos e convidando o rei e os outros a comer. Saem logo depois.*]

ALONSO   Que os anjos dos céus nos protejam! Quem são esses?

SEBASTIÃO   Um espetáculo de marionetes. Agora acredito na existência de unicórnios e que haja na Arábia uma árvore que serve de trono à fênix — onde uma delas reina neste exato momento.

ANTÔNIO   Creio em ambos. E que venham até mim caso duvidem da existência de qualquer outra coisa, pois jurarei ser verdade. Um viajante nunca mente, embora seja condenado em casa.

GONZALO   Se em Nápoles eu fizesse esse mesmo relato, quem acreditaria em mim? Poderia dizer: vi ilhéus assim e assim — pois na certa estes são habitantes da ilha — que, apesar de ter um aspecto monstruoso, são mais bondosos e gentis do que quase todas as gerações de homens que conheço.

PRÓSPERO   [*À parte.*] Nobre lorde, disse muito bem. Há alguns aqui muito piores do que os demônios.

ALONSO   Não me canso de admirar tais formas, gestos e sons que, mesmo sem usar a língua, expressam um tipo de linguagem muda primorosa.

PRÓSPERO   [*À parte.*] Aplauda ao fim.

FRANCISCO   Desapareceram de maneira tão estranha.

SEBASTIÃO   Isso não importa, já que deixaram o que
            comer e temos fome. Gostaria de provar
            algo do que aqui ficou?

ALONSO   Eu, não.

GONZALO   Palavra de honra, meu senhor, não há nada
            a temer. Quando éramos meninos, quem
            acreditaria que houvesse montanheses com
            bócios de touro e uma pelanca pendurada na
            garganta? Ou ainda homens com a cabeça
            saindo do peito? E não há hoje apostadores que
            já comprovaram sua existência, ganhando cinco
            vezes o que puseram em jogo?

ALONSO   Vou comer, então. Talvez seja minha última
            refeição, mas pouco importa, sinto que
            o melhor já passou. Meu irmão duque,
            venha comer conosco.

[*Trovões e raios. Entra Ariel, sob a forma de
uma harpia, bate as asas sobre a mesa e, por
um recurso original, o banquete desaparece.*]

ARIEL   Vejo três pecadores, a quem o Destino — que
            deve ordenar o mundo inferior e tudo que há nele
            — expulsou do insaciável mar, cuspindo-os nesta
            ilha onde não há homens, pois entre os homens
            não merecem viver. Levei-os à loucura — e mesmo
            homens de valor já teriam se afogado ou enforcado.

[*Alonso, Sebastião e os outros
desembainham suas espadas.*]

Tolos! Meus companheiros e eu somos ministros
do Destino. Os elementos que temperaram suas

lâminas têm a mesma capacidade de ferir os ventos
— que zombam de seus golpes — ou matar as águas,
antes de tirar um só fio de minhas penas. Meus
companheiros são igualmente intocáveis. E mesmo
que não fossem, suas espadas são tão pesadas que
não têm força para levantá-las. Mas se lembrem
do que digo, já que é para isso que vim: vocês três
derrotaram o bom Próspero em Milão, lançando ao
mar, que hoje se vingou, ele e sua inocente filha. Por
tão horrendo crime, forças que tardam, mas não se
esquecem, provocaram os mares, as praias e todas
as criaturas contra sua paz. De seu filho, Alonso, já o
privaram. Eis o que anuncio: que uma lenta perdição
— pior do que qualquer morte rápida — aos poucos
domine vocês e seus feitos. Contra a sua ira — que
aqui, nesta ilha desolada, só há de recair sobre sua
cabeça — apenas lhes restam o coração partido e
um futuro singular.

[*Ele desaparece em meio a trovões. Depois, ao som de uma música suave, os mesmos vultos entram novamente, dançam e gesticulam de forma ridícula, levando embora, por fim, a mesa.*]

PRÓSPERO Atuou muito bem como hárpia, meu Ariel, sua graça era arrebatadora. De minhas ordens, executou tudo à perfeição, sem tirar nada do que tinha a dizer. E meus ministros inferiores cumpriram muito bem suas tarefas, com estranhas visões e ótimo exemplo. Meus altos encantos funcionaram e conseguiram iludir todos os meus inimigos. Agora estão sob meu poder, e nesse torpor devo mantê-los enquanto visito o jovem Ferdinando — que julgam afogado — e aquela a que tanto ele quanto eu amamos.

[*Sai de cena.*]

GONZALO Em nome de tudo que há de mais sagrado, meu senhor, por que me olha de modo tão estranho?

ALONSO Ah, é monstruoso, realmente monstruoso! Pareceu-me que as ondas me falavam e que o trovão, como um órgão profundo e terrível, pronunciou o nome de Próspero — ambos anunciando meu crime. Por isso meu filho jaz no lodo e irei buscá-lo nas profundezas jamais alcançadas para lá jazer com ele.

[*Sai de cena.*]

SEBASTIÃO Um demônio por vez, derrotarei legiões.

ANTÔNIO Estarei logo atrás.

[*Saem Sebastião e Antônio.*]

GONZALO Os três estão desesperados: sua culpa, como um veneno tardio, agora lhes envena a alma. Peço a vocês, que têm mais agilidade, que os sigam imediatamente, impedindo-os do que lhes pode provocar tamanho arroubo.

ADRIAN Siga-nos, por favor.

[*Saem de cena.*]

ATO IV

CENA I.
DIANTE DA CELA DE PRÓSPERO.

[*Entram Próspero, Ferdinando e Miranda.*]

PRÓSPERO   Se o puni com muita austeridade, sua compensação valerá a pena, já que lhe ofereço um terço de minha própria vida, ou do que já vivi. Mais uma vez, entrego-lhe em mãos: seus esforços foram apenas provas de seu amor e, estranhamente, você resistiu às provas. Diante dos céus, ratifico meu rico presente. Ó, Ferdinando, não sorria se me vanglorio, pois verá que ela supera quaisquer elogios, indo muito além deles.

FERDINANDO   Tenho certeza disso, mesmo contra um oráculo.

PRÓSPERO   O presente é meu, mas a aquisição é sua. Comprada com seus méritos, eis minha filha. Mas se romper o nó da virgindade, antes que o sacratíssimo memorial seja ministrado em sua completude, que os céus neguem a doce bênção que torna tal boda fértil, que o ódio estéril e o amargo olhar do desdém e da discórdia cubram de flagelos seu leito, de modo que se odeiem mutuamente. Portanto, muito cuidado, que o fulgor de Himeneu[16] o ilumine.

---

16 Deus grego do casamento. (N. do T.)

FERDINANDO   Como anseio por dias tranquilos, belos filhos e longa vida, com um amor como esse. Nem o mais obscuro antro, o local mais conveniente ou a mais forte insinuação de nosso gênio mau hão de transformar minha honra em desejo ou apagar o brilho da celebração deste dia. Que antes os corcéis de Febo[17] comecem a mancar ou que a noite se mantenha acorrentada nas profundezas.

PRÓSPERO   Falou muito bem. Sente-se e converse com ela, pois já é sua. Venha, Ariel, meu servo laborioso!

[*Entra Ariel.*]

ARIEL   O que quer, meu poderoso Mestre? Aqui estou.

PRÓSPERO   Você e seus companheiros cumpriram muito bem sua última tarefa, e preciso usá-los em outro ardil parecido. Traga a ralé que está em meu poder até aqui. Faça com que venham rápido, pois preciso mostrar a este jovem casal certos adereços de minha arte. Havia lhes prometido e esperam que cumpra minha promessa.

ARIEL   Agora?

PRÓSPERO   Sim, em um piscar de olhos.

ARIEL   Antes que possa dizer "venha" e "vá" ou inspirar duas vezes e gritar "assim, assim", cada um de nós, sem demora, estará de volta com tudo feito. Então, Mestre, ama-me ou não?

PRÓSPERO   Muito, meu delicado Ariel.
Mas não volte enquanto não me ouvir chamá-lo.

---

17   Nome latino do deus grego do sol, Apolo. (N. do T.)

A Tempestade

ARIEL   Muito bem, entendi.

[*Sai de cena.*]

PRÓSPERO   Trate de se manter fiel. Não dê aos flertes muita liberdade. Os mais fortes juramentos são palha para o fogo do sangue. Continue abstêmio ou dê adeus a seus votos!

FERDINANDO   Garanto-lhe, meu senhor, que a neve virginal que cobre meu coração abaterá o ardor de meu fígado.

PRÓSPERO   Muito bem. Vamos, meu Ariel! Traga-me recompensas, e não ideários. Vamos rápido! Nada de língua, apenas olhos! Silêncio!

[*Música suave ao fundo. Entra Íris[18].*]

ÍRIS   Ceres[19], mais generosa das mulheres, com seus ricos campos de trigo, centeio, cevada, aveia e grãos; seus montes verdes que oferecem abrigo e alimento às sempre famintas ovelhas; suas encostas, de flores guarnecidas, que o sempre úmido abril faz sortidas para coroar as frias ninfas; seus secos arbustos que acalentam o renegado jovem que ama sem ser amado; suas vinhas podadas e a costa marinha estéril e rochosa, quem vêm refrescar seu ar... A rainha do céu, de quem sou arco e mensageiro, roga-lhe que deixe seus domínios e, com toda a sua graça, pede que venha se deleitar neste campo

---

18 Na mitologia grega, Íris era a personificação do arco-íris e a mensageira dos deuses. (N. do T.)
19 Deusa romana das colheitas. (N. do T.)

verde, neste mesmo lugar. Os pavões da rainha
já apressam seu voo; aproxime-se, ó, rica
Ceres, venha entretê-los.

[*Entra Ceres.*]

CERES   Ave, mensageira multicor, que nunca nega um
pedido da esposa de Júpiter; que, com suas asas
de açafrão, lança um refrescante chuviscar de
gotas de mel sobre minhas flores; que, com cada
extremidade de seu arco azul coroa meus bosques
verdes e meus campos áridos; rico manto de
minha orgulhosa terra; por que sua rainha me
convoca ao parco verde desta grama?

ÍRIS   Para celebrar um contrato de amor verdadeiro.
E para oferecer como favor uma prenda aos
abençoados amantes.

CERES   Diga-me, arco celestial, se já sabe ser Vênus[20] ou seu
filho quem serve a rainha. Depois que tramaram unir
minha filha ao sombrio Dis[21], reneguei a companhia
tanto dela como do cego menino.

ÍRIS   Não tenha medo de sua companhia. Vi a deusa
atravessando as nuvens rumo a Pafos[22] com
seu menino, em um carro puxado por pombos.
Acredito que tramavam um encanto contra um
par que trocava juras de não pecar até a chama
de Himeneu ser acesa. Mas tudo em vão, o

---

20 Deusa romana do amor e da beleza, cujo filho é Cupido, personificação do amor. (N. do T.)
21 Deus romano do submundo. (N. do T.)
22 Cidade portuária da ilha de Chipre. (N. do T.)

queridinho de Marte[23] já retornou. Quebrando suas flechas, o menino jurou que nunca mais as lançará e passará a brincar apenas com os pardais, sendo para sempre um bom garoto.

CERES   A grande rainha, a grande Juno[24] está chegando. Reconheço seus passos.

[*Entra Juno.*]

JUNO   Como está minha generosa irmã?
Venha comigo abençoar o casal, para que seja próspero e tenha honrosa cria.

[*Juno e Ceres cantam.*]

JUNO   *Honra, riquezas, abençoado casamento,*
Com uma vida que é só crescimento.
Horas alegres sempre em sua vida,
É o que Juno com seu canto convida!

CERES   *Da terra toda instância,*
Uma vida de abundância,
Vinhas e cachos pesados,
Ramos de frutos curvados,
Que desponte a primavera,
Quando a colheita se reitera!
E de carências e falta, nada;
Tendo a bênção de Ceres dada.

---

23   Deus romano da guerra e pai de Cupido. (N. do T.)
24   Na mitologia romana, esposa de Júpiter e rainha dos deuses. (N. do T.)

FERDINANDO   Que visão das mais majestosas, tão hormoniosa e
             encantadora. Ouso pensar que são espíritos?

PRÓSPERO   Espíritos, sim. Que minha arte fez vir dos confins
             para encenar meus caprichos.

FERDINANDO   Que eu possa viver para sempre com um sogro
             tão maravilhoso e único e uma esposa que faz
             deste lugar um Paraíso.

*[Juno e Ceres sussurram,
dando instruções a Íris.]*

PRÓSPERO   Meus queridos, silêncio! Juno e Ceres sussurram
             com seriedade. Algo mais nos espera. Vamos ficar
             calados para não quebrar seu encanto.

ÍRIS   Que suas ninfas de rios tortuosos, as chamadas
             Náiades, coroadas de flores e com olhares
             benfazejos, deixem suas águas e venham à Terra
             atender o que Juno lhes ordena. Comedidas ninfas,
             venham celebrar esse pacto de amor, venham rápido.

[Entram ninfas.]

Ceifadores queimados pelo fatigante sol de agosto,
deixem o arado e venham festejar. Com seus chápeus
de palha se alegrem e, como estas viçosas ninfas,
juntem-se aos presentes em uma dança campestre.

*[Entram ceifadores, devidamente vestidos.
Juntam-se às ninfas em um gracioso bailado.
Próximo do fim da dança, Próspero se assusta
e começa a falar, fazendo com que os bailarinos
desapareçam em meio a ruídos estranhos,
confusos e sem sentido.]*

PRÓSPERO [*À parte.*] Esqueci da terrível conspiração do bestial Caliban e de seus companheiros contra a minha vida. O momento de executarem seu plano está para chegar.

[*Aos espíritos.*]

Muito bem! Agora, chega!

FERDINANDO Isso é estranho: seu pai parece perturbado por alguma forte emoção.

MIRANDA Nunca o havia visto tão nervoso, tão destemperado.

PRÓSPERO Meu filho, você parece abalado, como se estivesse desapontado. Anime-se, meu senhor. Nossas celebrações acabaram. Nossos atores que, como lhes dissera, não passavam de espíritos, desapareceram em pleno ar. E, como a tênue trama desta visão, as torres nebulosas, os esplendorosos palácios, os templos solenes e o próprio grande globo. Sim, tudo que a envolve se dissolverá sem deixar vestígios. Nós somos parte do que constitui os sonhos, e nossa insignificante vida está envolta no sono. Sim, senhor, estou preocupado. Paciência com minha fraqueza, pois tenho a mente perturbada. Não se incomode com minha enfermidade. Por favor, retirem-se em minha cela e lá repousem. Vou andar um pouco para acalmar minha transtornada mente.

MIRANDA Que fique em paz.

PRÓSPERO Em breve ficarei, obrigado. Venha, Ariel!

[*Saem Miranda e Ferdinando. Entra Ariel.*]

ARIEL   Obedeço a seus pensamentos. O que quer?

PRÓSPERO   Espírito, devemos nos preparar para
                         enfrentar Caliban.

ARIEL   Sim, meu comandante. Quando trouxe Ceres,
                         pensei em lhe lembrar disso. Mas fiquei com medo
                         de irritá-lo.

PRÓSPERO   Diga-me uma vez mais, onde
                         deixou aqueles tratantes?

ARIEL   Como lhe havia dito, meu senhor, estavam muito
                         bêbados, agindo como valentões golpeando o ar por
                         respirar perto do rosto deles e esmurrando o chão
                         por lhes beijar os pés, apesar de continuarem atentos
                         a seu plano. Bati meu tambor, ao que eles, como
                         potros selvagens, coçavam suas orelhas, arregalavam
                         os olhos e levantavam as narinas, cheirando a música.
                         Foi assim que os encantei. Como bezerrinhos, eles
                         seguiram minhas batidas por carrapichos, espinhos
                         e urzes afiadas, ferindo as frágeis canelas. Por
                         fim, deixei-os na poça putrefata atrás de sua cela,
                         dançando em meio ao fedor que o lago imundo lhes
                         deixara nos pés.

PRÓSPERO   Muito bem, meu passarinho. Continue com
                         sua forma invisível. Vá dentro da casa buscar
                         as porcarias que lá guardei — servirão de isca
                         para aqueles ladrões.

ARIEL   Já vou, já vou.

                         [*Sai Ariel.*]

PRÓSPERO   Um demônio nato, em cuja natureza não germina
                         nem um graveto, em quem meus esforços mais
                         humanos se encontram perdidos. E, como o tempo

A Tempestade

seu corpo deformou, da mesma maneira sua mente
apodreceu. Vou atormentá-los até que urrem.

[*Entra novamente Ariel, carregando
roupas brilhantes e outros itens.*]

Prenda-as nesta árvore.

[*Próspero e Ariel ficam invisíveis. Entram
Caliban, Estéfano e Trínculo, todos molhados.*]

CALIBAN   Por favor, pisem de leve, para que a toupeira cega não ouça nossos passos — já estamos perto de sua cela.

ESTÉFANO   Monstro, a sua fada — que você afirma ser inofensiva — até agora só nos enganou.

TRÍNCULO   Monstro, estou cheirando a mijo de cavalo, e meu nariz se sente muito indignado.

ESTÉFANO   O meu também. Está me ouvindo, monstro?
Se eu antipatizar com você, tome cuidado...

TRÍNCULO   Viraria um monstro arruinado.

CALIBAN   Meu bom senhor, não me desampare.
Tenha paciência, pois o prêmio que lhe
ofereço compensará qualquer infortúnio.
Mas falem baixo, está tudo quieto como se já
fosse meia-noite.

TRÍNCULO   Tudo bem, mas ter perdido as garrafas no lago...

ESTÉFANO   Não há só desgraça e desonra nisso, monstro, como também uma perda incalculável.

TRÍNCULO   Para mim, muito pior do que se molhar.
E essa é a sua inofensiva fada, monstro.

ESTÉFANO	Vou pegar de volta minha garrafa, nem que afunde até as orelhas em meus esforços.
CALIBAN	Por favor, meu rei, fique quieto. Veja ali: é a entrada da cela — entre sem fazer barulho. Com um truque inigualável, faça com que essa ilha seja para sempre sua. E eu, Caliban, serei eternamente seu puxa-saco.
ESTÉFANO	Dê-me sua mão. Já começo a ter pensamentos sanguinários.
TRÍNCULO	Ó, rei Estéfano! Ó, nobre senhor! Ó, valoroso Estéfano! Veja as vestes que ali estão à sua disposição!
CALIBAN	Deixe isso tudo aí, seu tolo. Não passa de lixo.
TRÍNCULO	Alto lá, monstro! Sabemos que isso é coisa de segunda mão. Ó, rei Estéfano!
ESTÉFANO	Tire essa capa, Trínculo, e a passe para mim. Eu a quero.
TRÍNCULO	Então Sua Graça há de tê-la.
CALIBAN	Que esse idiota seja tomado por edemas. Por que fica perdendo tempo com esses trapos? Melhor tratar primeiro do assassinato. Se ele acorda, é capaz de nos aferroar dos pés à cabeça e fazer as coisas mais bizarras conosco.
ESTÉFANO	Cale-se, monstro. Cara árvore, não é meu esse gibão? Agora, o gibão para baixo da árvore foi. Ora, há de perder todo o estofo e para nada servirá.
TRÍNCULO	Assim é — e com o nosso estofo, Sua Graça há de se salvar.
ESTÉFANO	Gostei da brincadeira. Eis aqui uma veste como paga: ninguém deixará de receber sua recompensa quando eu for rei deste país. "Salvos pelo estofo" é

	um excelente jogo de palavras. É justo que pegue outra veste.
Tríncuro	Monstro, agarre-se na árvore e pegue todo o resto.
Caliban	Não quero nada. Estamos perdendo tempo e acabaremos virando crustáceos ou macacos com testas pequenas e horrendas.
Estéfano	Monstro, mãos à obra. Ajude-nos a levar tudo isso até meu tonel de vinho ou o expulsarei de meu reino. Ande, carregue isto.
Tríncuro	E isto.
Estéfano	Sim, e mais isto.

[*Ouve-se um ruído de caçadores. Entram diversos espíritos, sob a forma de cães domésticos e de caça, farejando todo o palco, atiçados por Próspero e Ariel.*]

Próspero	Ande, Montanha, ande!
Ariel	Prata! Lá vai ele, Prata!
Próspero	Fúria, Fúria! Ali, Tirano, ali! Ande, ande!

[*Caliban, Estéfano e Tríncuro são postos para fora do palco.*]

Vá ordenar aos duendes que lhes roam as juntas com espasmos, que encurtem seus músculos com cãibras e que os deixem mais marcados do que onças-pintadas.

Ariel	Ouça seus urros!

PRÓSPERO   Que sejam caçados com gosto.
Neste momento, meus inimigos estão à minha mercê. Em breve, todos os meus esforços serão recompensados e você terá sua liberdade. Siga-me, e me renda mais um serviço.

[*Saem de cena.*]

ATO V

CENA I.
Diante da cela de Próspero.

[*Entram Próspero, em seus trajes mágicos, e Ariel.*]

Próspero — Agora meus planos vão se realizar. Meus encantos não falham e meus espíritos me obedecem com precisão. Que horas são?

Ariel — Seis em ponto. No instante exato em que disse que nosso trabalho cessaria, meu senhor.

Próspero — Foi o que disse ao criar a tempestade. Diga, meu espírito, como estão o rei e seu séquito?

Ariel — Como havia ordenado, confinados todos juntos, como o senhor os havia deixado, presos junto ao bosque que guarda sua cela, e não poderão se mover até que dê sua ordem. O rei, seu irmão e o dele estão confusos, e os outros se lamentam por eles, tomados pela dor e pelo desânimo, principalmente aquele que o senhor chamou de "velho e bom Gonzalo". As lágrimas correm por sua barba como a neve invernal em meio aos arbustos. O seu feitiço tem tanto poder sobre eles que, se os visse, teria pena.

Próspero — É o que acha, espírito?

Ariel — É o que aconteceria comigo, se fosse humano.

PRÓSPERO   Pois acontecerá também comigo. Se você, que é apenas ar, deixa-se afetar por suas aflições, por que não haveria eu — que sou da espécie deles e nutro as mesmas paixões — de sentir com mais força do que você? Mesmo que seus crimes tenham me tocado fundo, a razão, mais nobre do que a fúria, deve prevalecer. É mais difícil dar voz à virtude do que à vingança, mas, se tornaram-se penitentes, meu propósito não me franze mais o cenho. Vá soltá-los, Ariel. Quebrarei meus encantos e lhes restaurarei os sentidos. Voltarão a ser eles mesmos.

ARIEL   Vou buscá-los, meu senhor.

[*Sai Ariel.*]

PRÓSPERO   Ó, elfos das colinas, riachos, lagos e bosques que, sem deixar marcas na areia, buscam Netuno[25] quando recua, cavalgando-o em seu retorno! Ó, seres pequeninos que sob o luar apodrecem o verdor com suas danças, tornando-o intragável às ovelhas. E vocês, cujo passatempo é criar cogumelos à meia-noite, que regozijam quando ouvem chegar o entardecer e com cuja arte — mesmo tendo sido Mestres muito reles — escureci o sol do meio-dia, exortei ventos tumultuosos e, entre o verde-marinho e o azul-celeste, criei a guerra, inflamando o trovão estridente e estraçalhando o carvalho de Júpiter com seu próprio raio. O vasto promontório estremeci, arrancando pelas raízes o pinho e o cedro, e sob meu comando as covas despertaram seus

---

25 Deus romano das águas. (N. do T.)

defuntos, tudo graças à minha poderosa arte.
Mas renego agora essa turbulenta magia e, ao
ordenar uma divina melodia a fim de alcançar
meus objetivos por intermédio dos sentidos, que
se comovem com tais encantos, quebrarei minha
varinha, enfiando-a muitos palmos sob a terra.
E ainda mais fundo enterrarei meu livro.

[*Música solene. Ariel entra novamente,
de onde tinha saído. Depois entra Alonso,
com um gesto frenético, seguido por Gonzalo.
Sebastião e Antônio entram fazendo o mesmo
gesto, seguidos por Adrian e Francisco.
Todos param dentro do círculo que Próspero
fizera e ficam imobilizados, presos em seu
encanto. Próspero, observando-os, volta a falar.*]

Que esta solene melodia, o melhor consolo à
mente perturbada, cure o cérebro de vocês, ora
sem uso, fervendo-lhes o crânio! Aqui jazem
inertes, fruto de meu encanto. Santo Gonzalo,
honorável cavalheiro, meus olhos vertem amor
pela mera visão dos seus. A magia se dissolve.
E, como o amanhecer surpreende a noite,
derretendo as trevas, seus sentidos renascem
e começam a acuar a névoa de ignorância que
encobre sua razão. Ah, meu bom Gonzalo, meu
verdadeiro protetor, mas súdito leal àquele a quem
servia! Recompensarei suas graças com palavras
e ações. Com extrema crueldade, Alonso, você
usou a mim e minha filha, e seu irmão foi seu
cúmplice. Sebastião, agora há de pagar. Minha
carne e sangue, meu irmão, sua ambição varreu

qualquer remorso e natureza. E, com Sebastião
— cujas culpas, por isso, são as mais terríveis — ia
matar seu rei. Por mais degenerado que tenha
sido, eu agora o perdoo. O raciocínio começa a
avançar neles, e essa maré em breve tomará a praia
da razão, que por ora nada mais é que um lamaçal
pútrido. Nenhum deles, que ora me vê, reconhece-
me. Ariel, vá pegar meu chapéu e meu florete em
minha cela. Vou me livrar deste disfarce e me
apresentar como outrora em Milão. Vá rápido,
espírito. Muito em breve, hei de libertá-lo.

ARIEL [*Cantando, enquanto ajuda Próspero a se vestir.*]

Onde suga a abelha sugarei eu.
Na prímula do jardim vou deitar,
Assim que a coruja cantar.
Nas costas do morcego vou voar,
Em busca do verão sempre estarei.
E alegre, muito alegre, viverei.
Sob a flor que no galho avistei.

PRÓSPERO Ora, esse é o meu primoroso Ariel! Sentirei sua falta,
mas há de ter sua liberdade. Assim, assim.
Vá até o navio do rei, ainda invisível. Deve encontrar
os marinheiros dormindo sob o convés, com o
Mestre e o contraMestre. Trate de acordá-los e
os traga até aqui. E rápido, por favor.

ARIEL Sugarei o ar à minha frente e voltarei antes
que seu pulso bata duas vezes.

[*Sai de cena.*]

Gonzalo	Tudo que há de tormento, aflição, assombro e espanto moram aqui. Que algum poder celestial nos guie para longe desta terra pavorosa!
Próspero	Eis, à sua frente, senhor meu rei, Próspero, o banido duque de Milão. Para lhe assegurar que é um príncipe vivo que fala consigo, abraço seu corpo. E, assim como aos que o acompanham, dou-lhe as boas-vindas.
Alonso	Se é ele ou alguma aparição produzida para me iludir, como vem acontecendo ultimamente, não sei. Seu pulso bate como se fosse de carne e osso. E desde que o vejo, as aflições de minha mente, que acreditava enlouquecida, extinguiram-se. Se é que é verdade, parece-me uma história das mais estranhas. A seu ducado renego e apenas lhe imploro que perdoe meus erros. Mas por que Próspero estaria vivo, e viveria aqui?
Próspero	Antes, nobre amigo, deixe-me abraçar sua velhice, cuja honra não pode ser medida ou confinada.
Gonzalo	Se tudo é verdade ou não, continuo sem saber.
Próspero	Ainda vivenciam algumas sutilezas da ilha, que não os deixam crer com certeza. Sejam bem-vindos, meus amigos!

[*À parte, para Sebastião e Antônio.*]

Se eu quisesse, meus caros lordes, poderia fazer com que Sua Alteza soubesse de sua traição. Mas, por enquanto, não contarei o que sei.

Sebastião	[*À parte.*]	O demônio fala nele.

PRÓSPERO	Não o farei. Pois você é tão perverso que chamá-lo de irmão me infectaria a boca. Perdoei-lhe todos os piores pecados, porém exijo que restaure meu ducado, pois não terá escolha a não ser fazê-lo.
ALONSO	Se é realmente Próspero, conte-nos em detalhes como se salvou. E como nos encontrou aqui, apenas três horas depois de nosso naufrágio, onde perdi — e sinto uma pontada de dor ao me lembrar — meu querido filho Ferdinando.
PRÓSPERO	Lamento muito, meu senhor.
ALONSO	Irreparável é a perda, e a paciência me diz que já não há mais remédio.
PRÓSPERO	Acredito que da paciência não buscou o auxílio, meu senhor, pois sua delicada graça me ajudou —tendo igual perda — a me contentar com o destino.
ALONSO	Sofreu então a mesma desgraça?
PRÓSPERO	A mesma e igualmente recente. Para torná-la suportável, meus meios de consolo são fracos, já que perdi minha filha.
ALONSO	Uma filha? Ó, céus, quem dera estivessem vivos e em Nápoles, como rei e rainha! Por uma fortuna tal, eu me atiraria ao leito lamacento onde jaz meu filho. Quando perdeu sua filha?
PRÓSPERO	Na última tempestade. Percebo que os lordes que aqui se encontram se espantam com tudo que ouvem e, devorando a razão, não creem no que seus olhos ou sua mente testemunham. Mas, por mais que sejam compelidos por seus sentidos, estejam certos de que sou Próspero, o próprio

duque banido de Milão, que, da maneira mais insólita, chegou às praias onde naufragaram para aqui reinar. Não falemos mais disso, pois essa é uma crônica para muitos dias, não lhe bastando um desjejum, e imprópria a um primeiro encontro. Seja bem-vindo, meu senhor. A cela é minha corte: aqui tenho poucos criados e nenhum súdito. Por favor, olhe lá dentro e, por me retornar meu ducado, vou lhe pagar com algo de mesmo valor ou, pelo menos, maravilhá-lo com uma cena que o alegrará tanto quanto meu reino me inebria.

[*Neste instante, Próspero revela Ferdinando e Miranda jogando xadrez.*]

MIRANDA Meu doce lorde, enganou-me com sua jogada.

FERDINANDO Não, minha querida, por nada deste mundo o faria.

MIRANDA Sim, por vinte reinos o faria. E eu lhe daria razão.

ALONSO Se isso for uma visão desta ilha, perderei meu amado filho uma vez mais.

SEBASTIÃO E um imenso milagre!

FERDINANDO [*Ajoelhando-se.*] Os mares ameaçam, mas são compassivos. Insultei-os à toa.

ALONSO E agora as bênçãos de um pai feliz o envolvem! Levante-se e nos conte como chegou aqui.

MIRANDA Ah, que maravilha! Quantas belas criaturas vejo! Como a humanidade é formosa! Ah, bravo novo mundo, habitado por tanta gente!

PRÓSPERO Tudo é novo para você.

ALONSO Quem é a donzela com quem jogava? Não faz nem três horas que a conhece. É ela a deusa que nos separou e nos reuniu uma vez mais?

FERDINANDO Meu senhor, ela é mortal. Mas a imortal Providência fez com que fosse minha. Escolhi-a sem poder me aconselhar com meu pai, pois julgava não tê-lo mais vivo. Ela é filha do famoso duque de Milão, de cujo renome tanto ouvi falar, sem nunca tê-lo visto. E de quem recebi uma segunda vida, e a quem esta dama me fez um segundo pai.

ALONSO Como serei eu dela. Mas, ah, como soa estranho ter de pedir perdão a minha filha.

PRÓSPERO Pare aí, meu senhor. Não atormentemos nossas lembranças com um peso que já se foi.

GONZALO Chorava intimamente, e não pude até então falar. Mirem, ó deuses, este casal, e coroem-no com suas bênçãos! Pois são os responsáveis por abrir os caminhos que aqui nos trouxeram.

ALONSO Amém, Gonzalo!

GONZALO Foi preciso que Milão fosse banido de Milão para que sua linhagem gerasse os reis de Nápoles? Ah, alegrem-se como nunca! E escrevam com ouro em colunas eternas: em uma única viagem, Claribel encontrou seu esposa em Túnis e Ferdinando, seu irmão, perdendo-se, encontrou sua esposa. Próspero encontrou seu ducado em uma ilha, e nós nos encontramos quando nos vimos sem rumo.

ALONSO [*A Ferdinando e Miranda.*] Deem-me suas mãos: que a tristeza e o pesar envolvam o coração que não lhes desejar a felicidade!

GONZALO Assim seja! Amém!

A Tempestade

[*Entra novamente Ariel, com o Mestre e o
Contramestre, seguindo-o atordoados.*]

Ah, veja, meu senhor, veja! Há outros nossos —
bem disse que com uma forca na terra, esse aí
não se afogaria. E agora, infame que tanto
praguejava a bordo, perdeu a língua ao aportar?
Quais são as boas novas?

CONTRAMESTRE Encontramos nosso rei e sua corte sãos e
salvos, e nossa nau — que há apenas três
horas acreditávamos partida ao meio, está
intacta e com as velas tão perfeitas quanto no
momento em que partimos.

ARIEL [*À parte, a Próspero.*] Meu senhor,
fiz tudo isso logo ao sair.

PRÓSPERO [*À parte, a Ariel.*] Meu astuto espírito!

ALONSO Tais eventos não são naturais, e se tornam cada vez
mais estranhos. Diga-me, como veio parar aqui?

CONTRAMESTRE Meu senhor, se eu acreditasse estar acordado,
tentaria lhe contar. Estávamos mortos de sono
e fomos — não sei dizer como — parar sob o
convés, de onde agora há pouco, com inúmeros e
bizarros urros, gritos, uivos e arrastar de correntes
— tudo extremamente odioso — nos acordaram.
Imediatamente, vimo-nos livres e demos com
nosso real navio, em ótimo estado, ao que nosso
Mestre começou a dançar de tanta alegria.
E, em um instante, como em um sonho, nós nos
apartamos deles e nos trouxeram para cá.

ARIEL [*À parte, a Próspero.*] Não foi bem-feito?

PRÓSPERO [*À parte, a Ariel.*] Muito bem, fez tudo com muita atenção. Há de ser livre.

ALONSO Tão estranho labirinto nunca foi percorrido, e em tudo isso há muito mais do que a natureza é capaz de conduzir. Só algum oráculo é capaz de explicar o que presenciamos.

PRÓSPERO Meu soberano, não infeste sua mente tentando entender a singularidade desses eventos. Com o que há de vir em breve, hei de tudo esclarecer; e deverá achar muito provável o ocorrido. Até lá, alegre-se, e não desconfie de nada.

[*À parte, a Ariel.*]

Venha, espírito. Liberte Caliban e seus companheiros. Desfaça o feitiço.

[*Sai Ariel.*]

E meu senhor, como está? Ainda faltam alguns de seus amigos, certos sujeitos de que não se lembra.

[*Volta Ariel, trazendo Caliban, Estéfano e Trínculo, com trajes roubados.*]

ESTÉFANO Que cada um ajude ao outro, e ninguém pense somente em si mesmo, pois estamos com muita sorte. Coragem, monstro camarada, coragem!

TRÍNCULO Se o que carrego em minha cabeça for uma testemunha fidedigna, eis uma divina visão!

CALIBAN Ó, Setebos, como são bons tais espíritos!

	Como meu Mestre se deu bem! Tenho medo de que vá me castigar.
Sebastião	Rá, rá, rá! Que coisas são essas, meu lorde Antônio? Estão à venda?
Antônio	É bem possível — um deles parece-se com um peixe, pronto para ir ao mercado.
Próspero	Reparem nos trajes desses homens, meus lordes, e digam se são deles mesmos. Esse canalha deformado tinha por mãe uma bruxa — tão forte que controlava a Lua e as marés, mesmo longe de sua presença. Os três me roubaram. E esse quase demônio — pois se trata de um bastardo — conspirava com eles para me tirar a vida. Dois deles devem ser de seu conhecimento. Quanto ao ser das trevas, sei que é do meu!
Caliban	Vou ser torturado até a morte.
Alonso	Este não é Estéfano, meu mordomo bêbado?
Sebastião	Está bêbado agora mesmo. Onde será que arranjou vinho?
Alonso	E Trínculo não para em pé. Onde encontraram bebida tão forte a ponto de chumbá-los? Parecem picles de tanto álcool.
Trínculo	Como picles, vivo desde a última vez que nos vimos, e temo que meus ossos nunca vão se livrar do álcool. Mas certamente não atrairei mais moscas.
Sebastião	Ora, ora... E agora, Estéfano?
Estéfano	Não me toque. Não sou nenhum Estéfano, sou só um espasmo.
Próspero	Então queria ser o rei da ilha, seu zé-ninguém?

ESTÉFANO   Seria um rei todo dolorido.

ALONSO   [*Apontando para Caliban.*] Isto é a coisa mais estranha que já vi.

PRÓSPERO   E tão disforme no comportamento quanto na aparência. Vá logo para a minha cela. Leve seus companheiros consigo. E comporte-se, se quiser ser perdoado.

CALIBAN   Sim, vou me comportar. E vou ter juízo daqui pra frente, em busca de sua graça. Mas que idiota fui eu, tomando este bêbado por deus e adorando este tolo!

PRÓSPERO   Vá embora logo!

ALONSO   Pode ir, e deixe essas coisas onde as encontrou.

SEBASTIÃO   Ou melhor, onde as roubou.

[*Saem Caliban, Estéfano e Trínculo.*]

PRÓSPERO   Meu senhor, convido Sua Alteza e seu séquito até minha humilde cela, onde poderão repousar por esta noite. Devo tomar parte dela contando algo que, tenho certeza, fará com que o tempo passe rápido: a história de minha vida e os inúmeros incidentes por que passei desde que aportei nesta ilha.
De manhã, levarei-os para a nau e, então, para Nápoles, onde espero ver realizarem-se as núpcias de nossos queridos. Depois, irei a Milão, onde gastarei um terço do tempo pensando em minha morte.

ALONSO   Anseio em ouvir a história de sua vida, que deve soar muito estranha.

PRÓSPERO   Vou lhes contar tudo. E lhes prometo um mar calmo, ventos auspiciosos e ágeis velas, de modo a alcançarmos sua frota real em breve.

A Tempestade

[*À parte, a Ariel.*]

Ariel, meu passarinho, seus serviços acabaram. Pelos elementos, seja livre e feliz! Por favor, acompanhe-me.

[*Saem de cena.*]

EPÍLOGO

Próspero   [*Falando dos bastidores.*] Agora, meus encantos se acabaram e as forças que me restam estão enfraquecidas. Sei que tanto podem me manter confinado aqui como me enviar para Nápoles. Não me obriguem a ficar nesta ilha estéril com seu feitiço, pois ganhei de volta meu ducado e perdoei meus traidores. Libertem-me de minhas amarras, com a ajuda de suas boas mãos. Que seu suave sopro sature minhas velas, impedindo meu fracasso, que a muitos agradaria. Mais do que nunca, preciso da força dos espíritos, da arte de seus encantos. Meu fim será nada mais do que desespero sem sua oração, cuja força ataca, mas também se compadece de toda falta. Pois se dos crimes é capaz de perdoar, deixe sua indulgência me libertar.

Impressão e Acabamento
Gráfica Oceano